I0409771

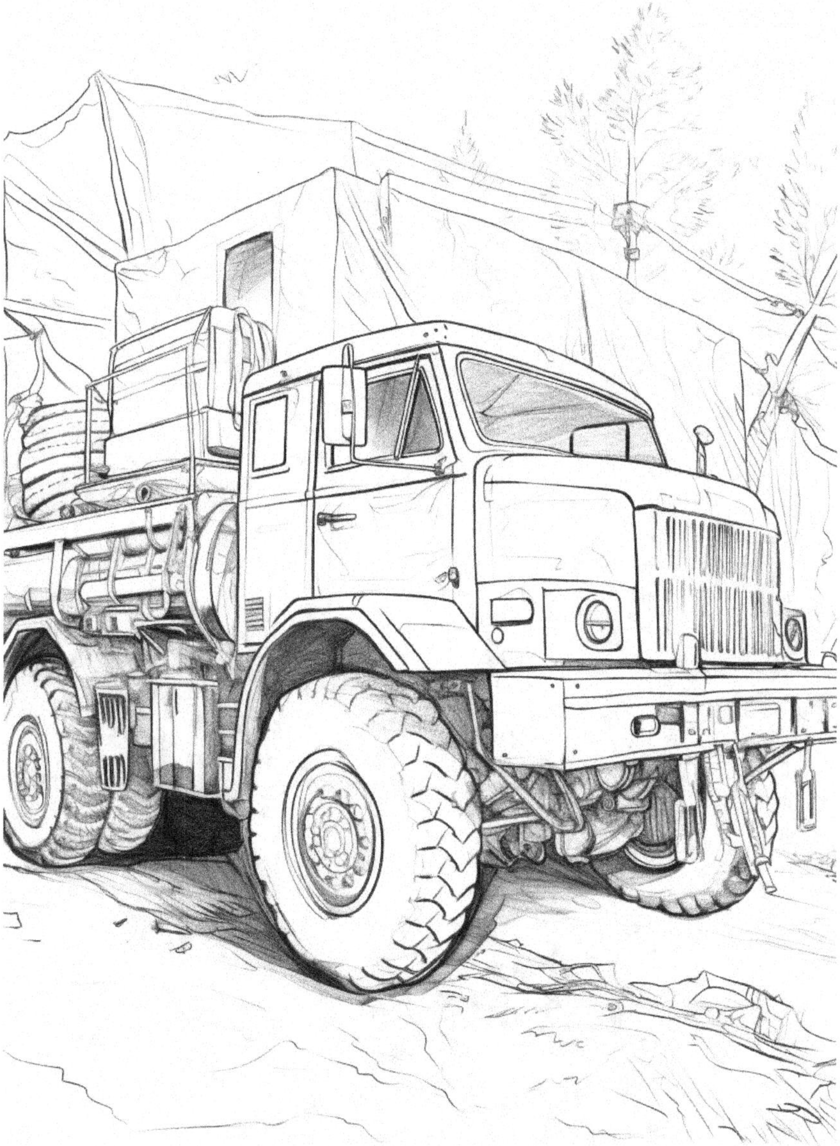

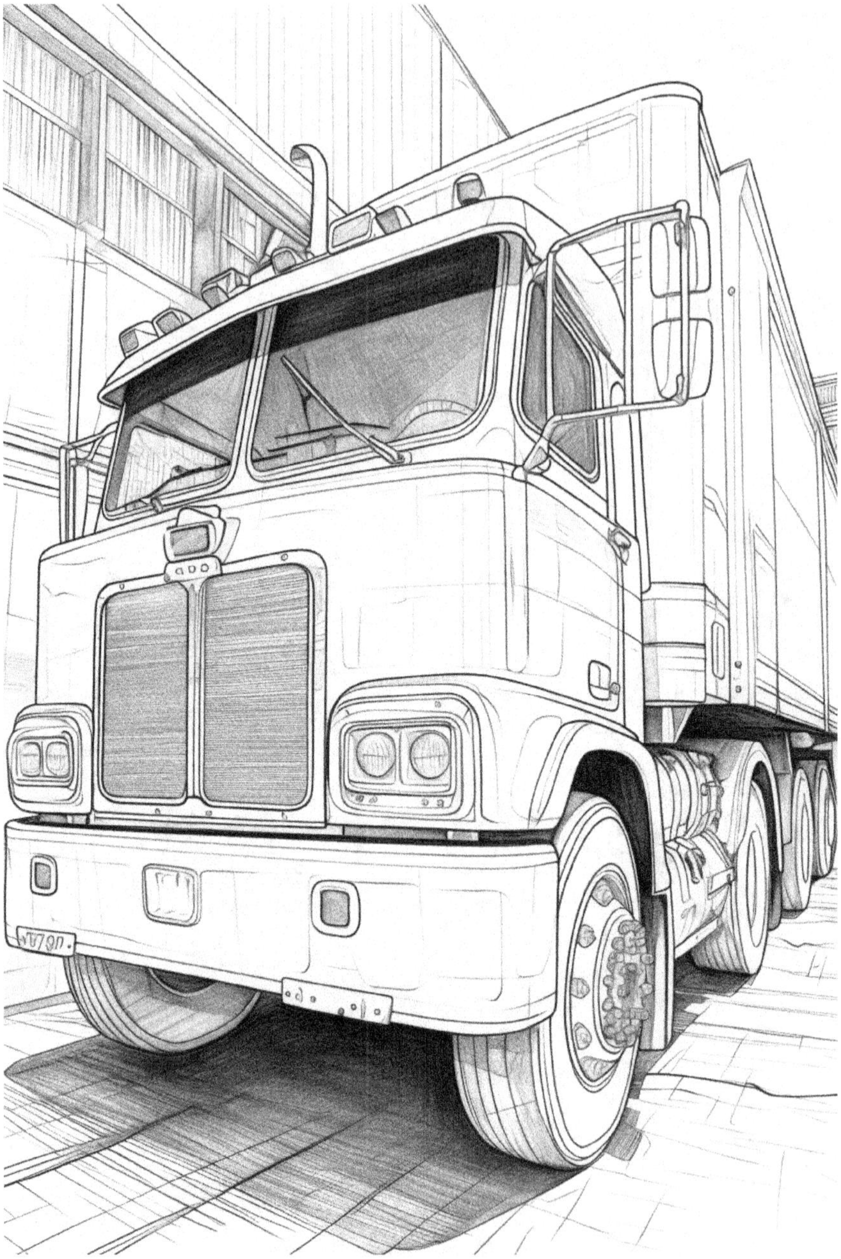

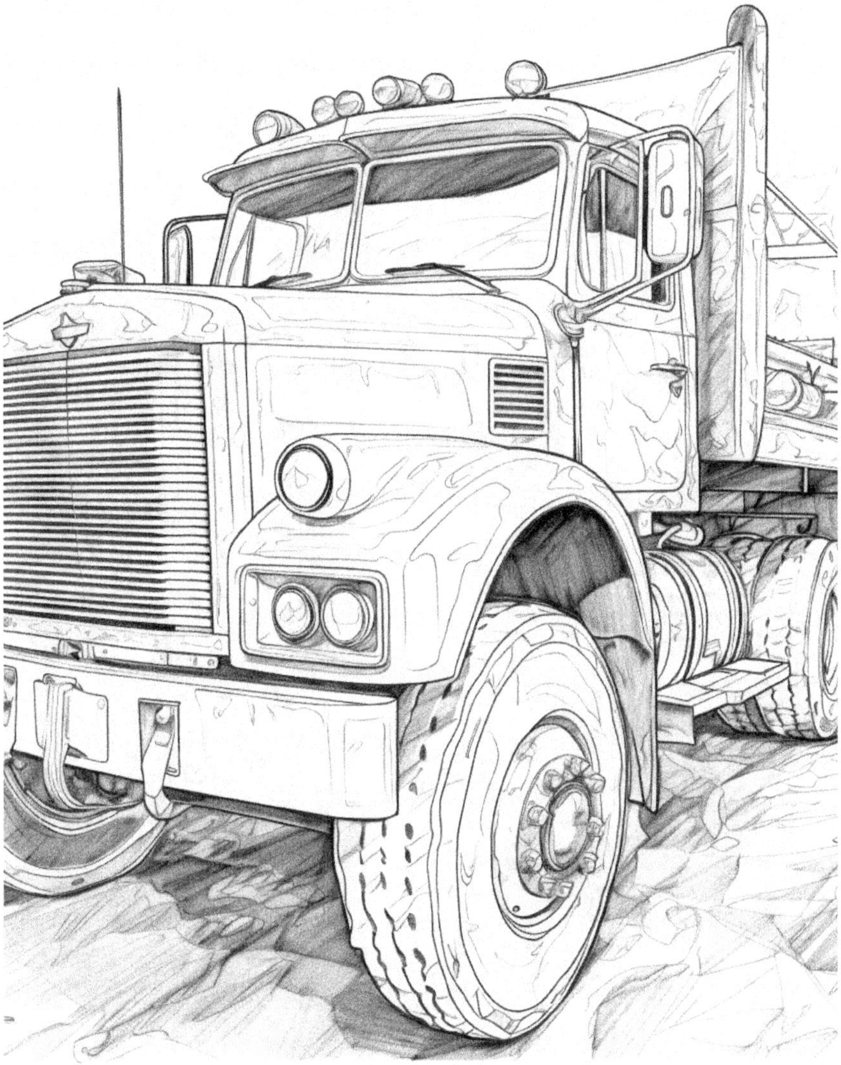

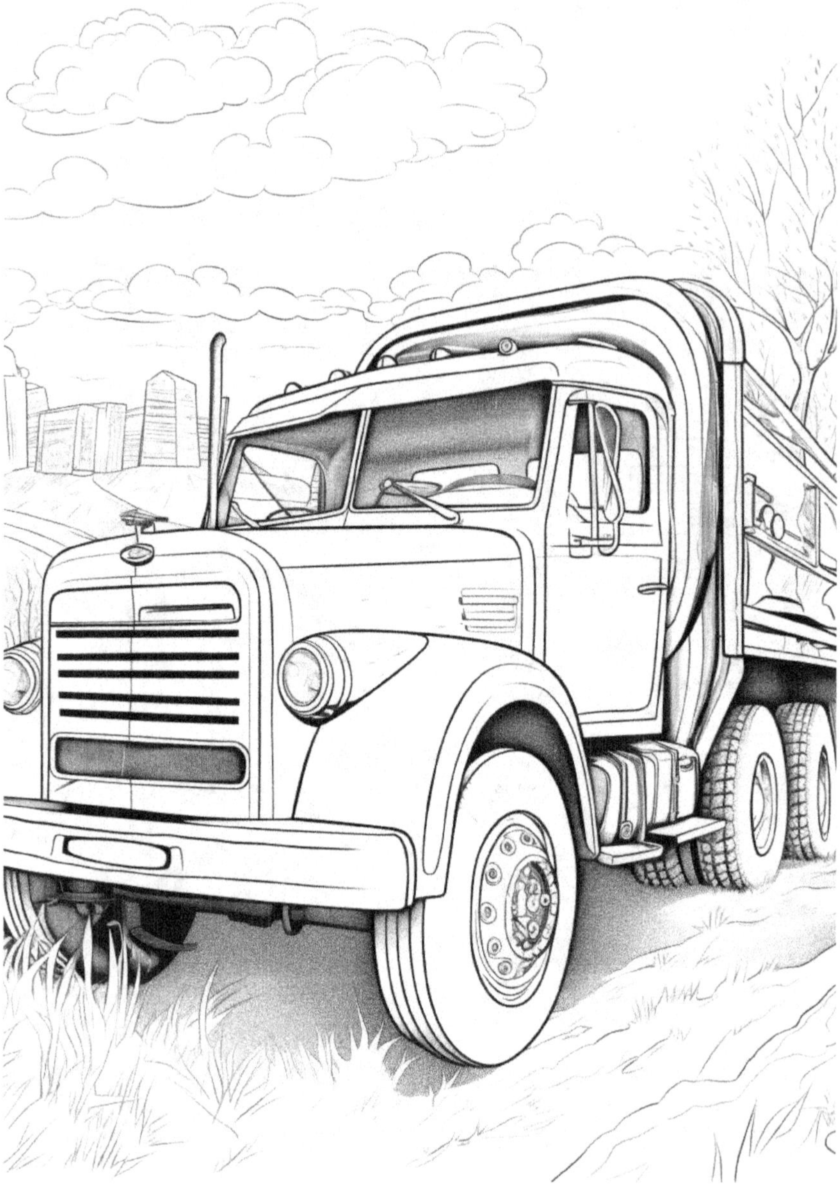

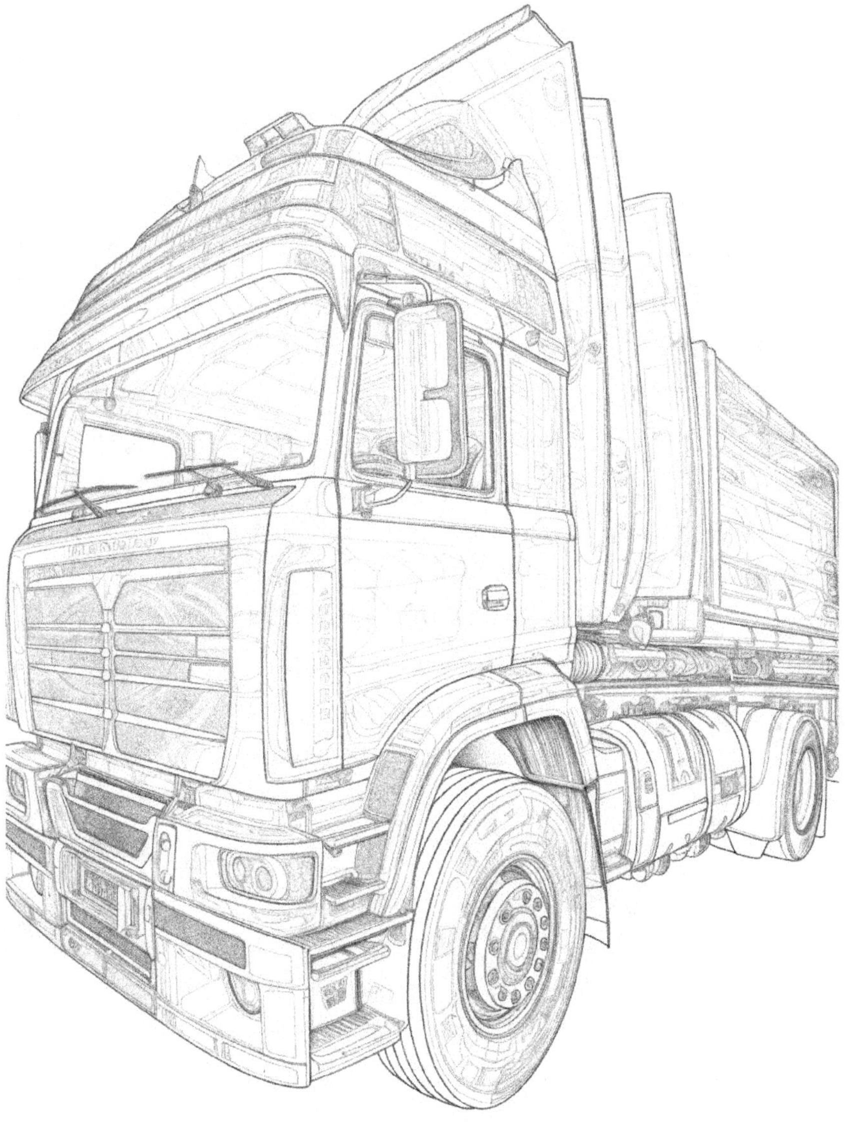

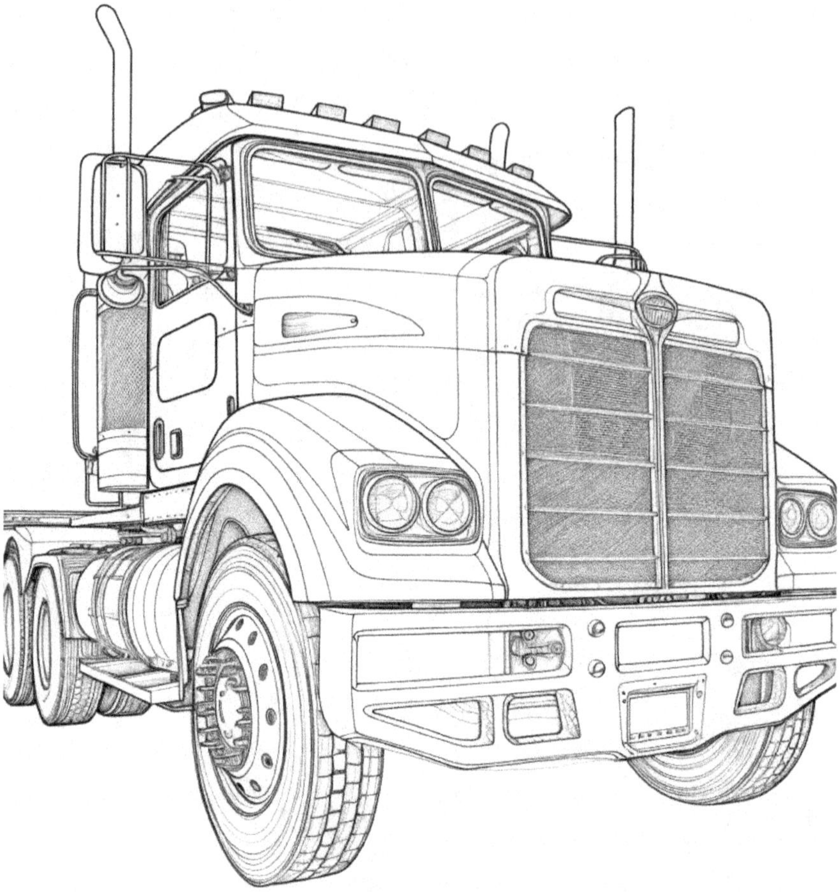

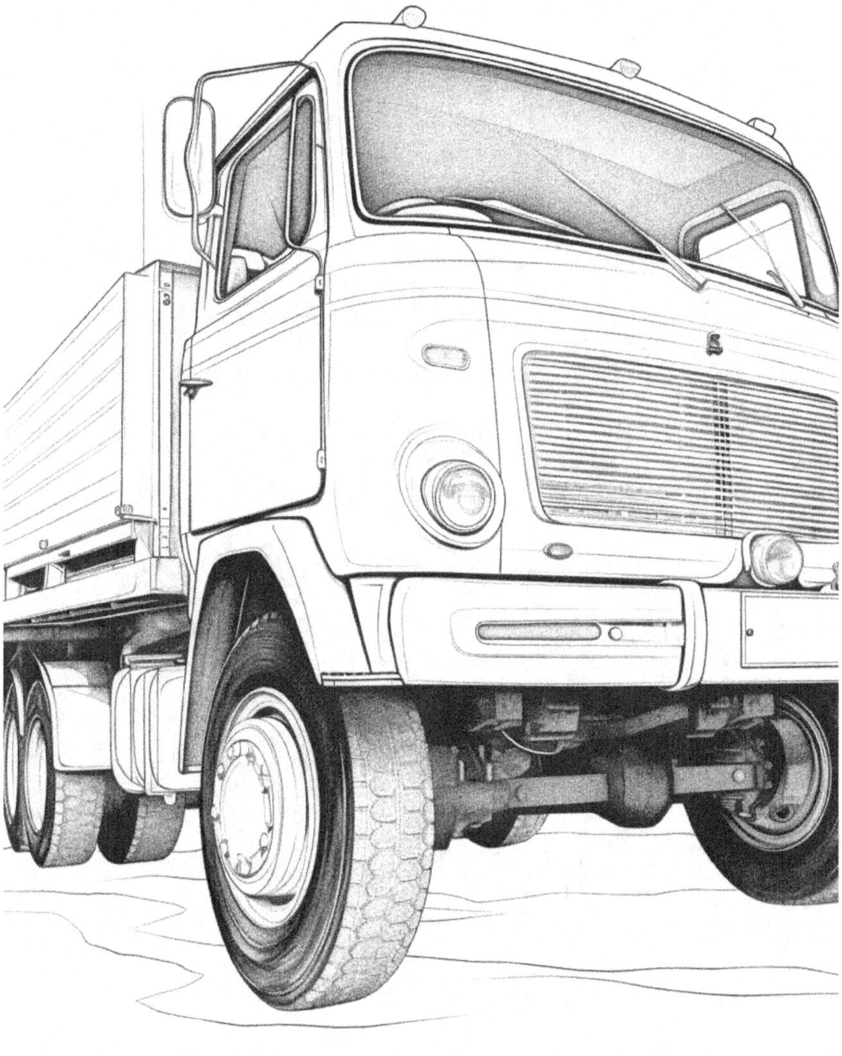

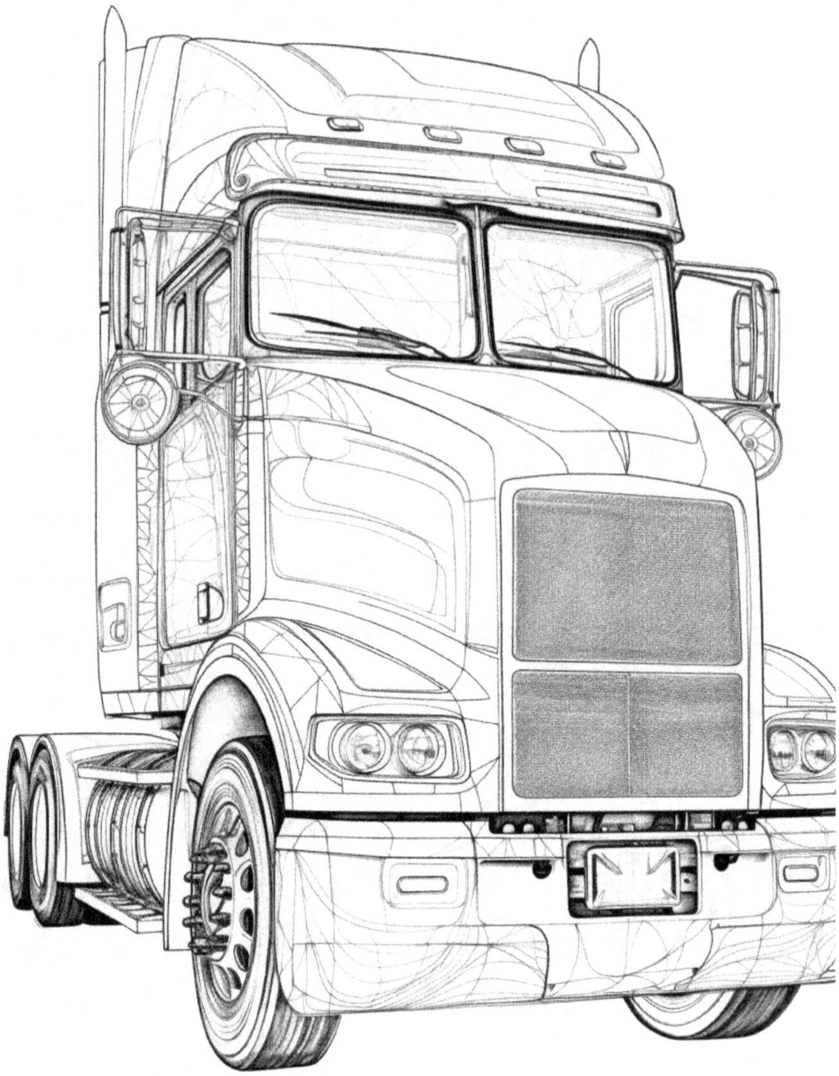

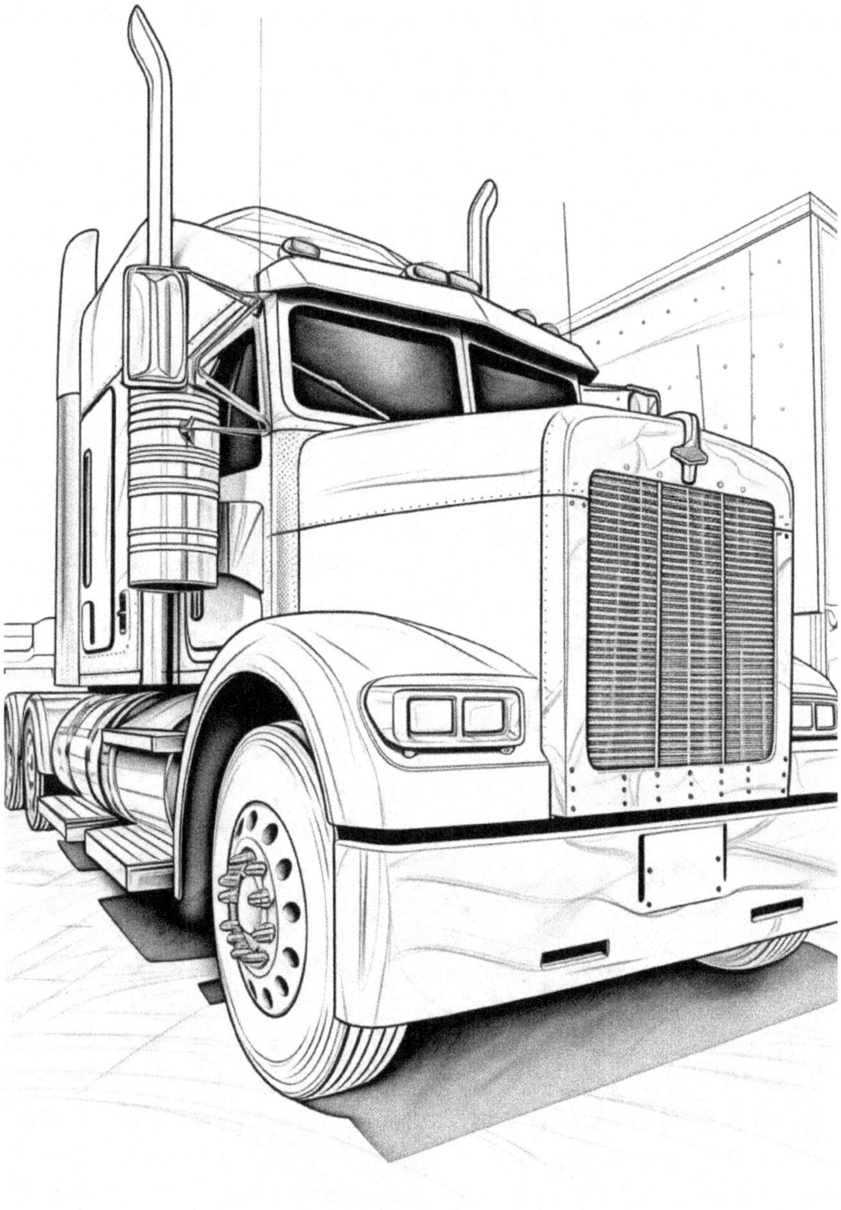

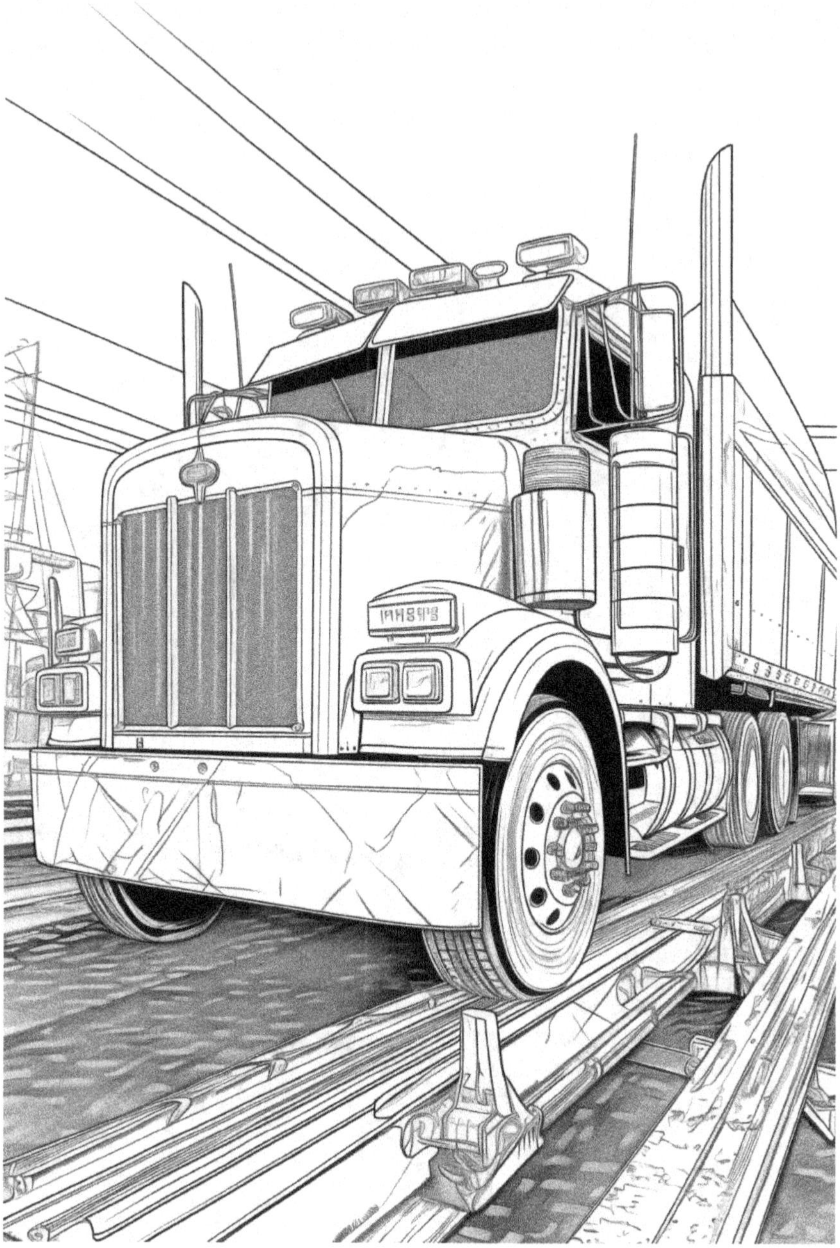

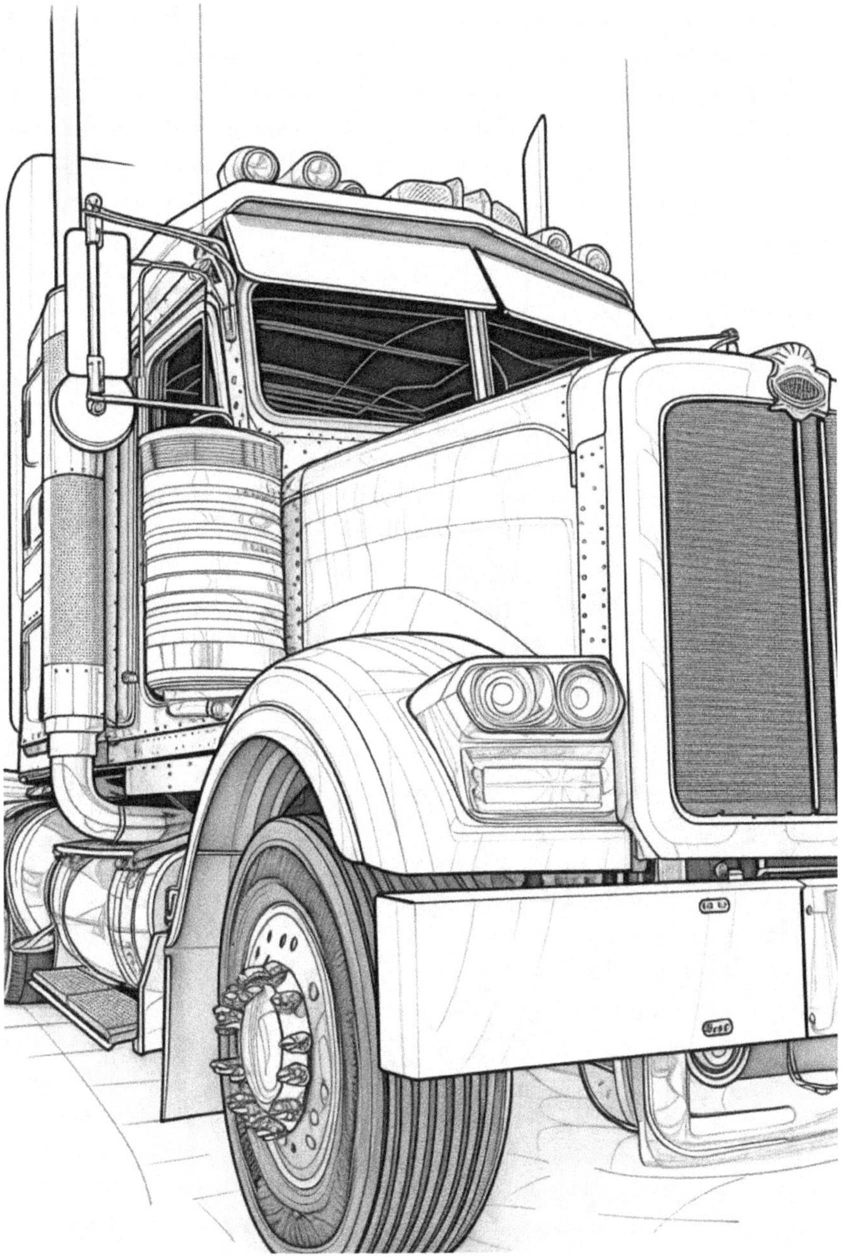

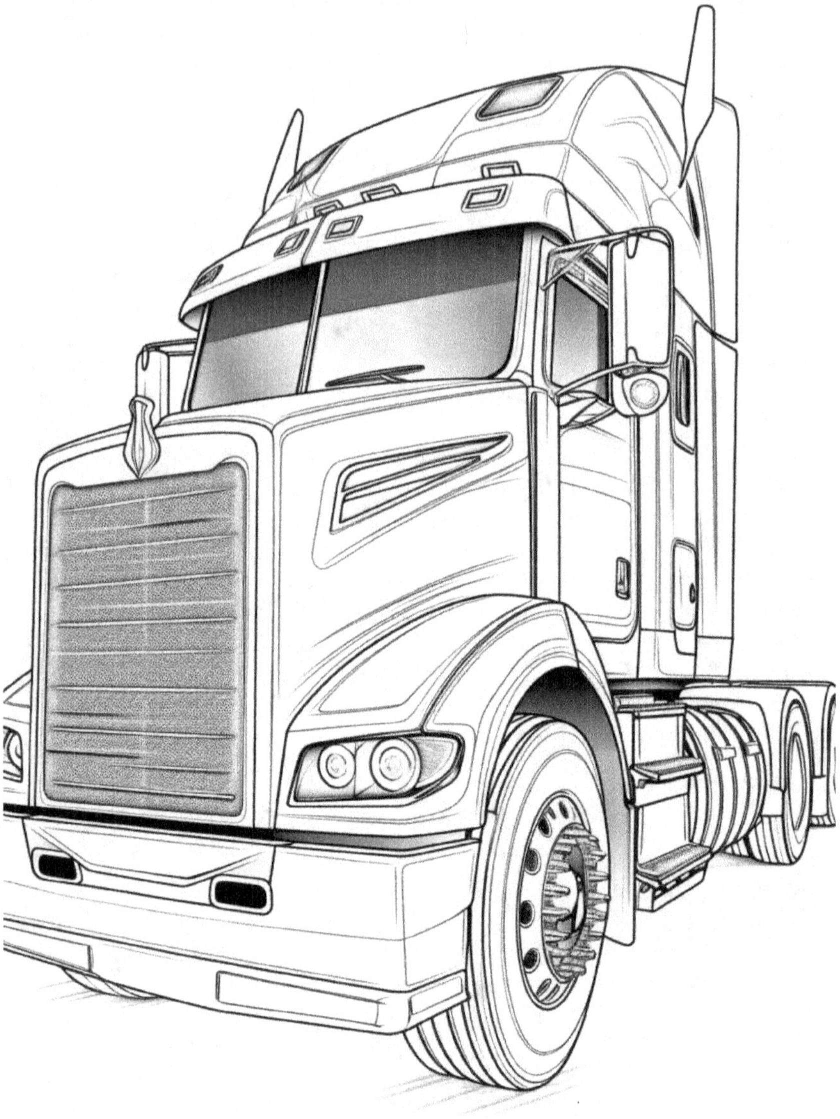

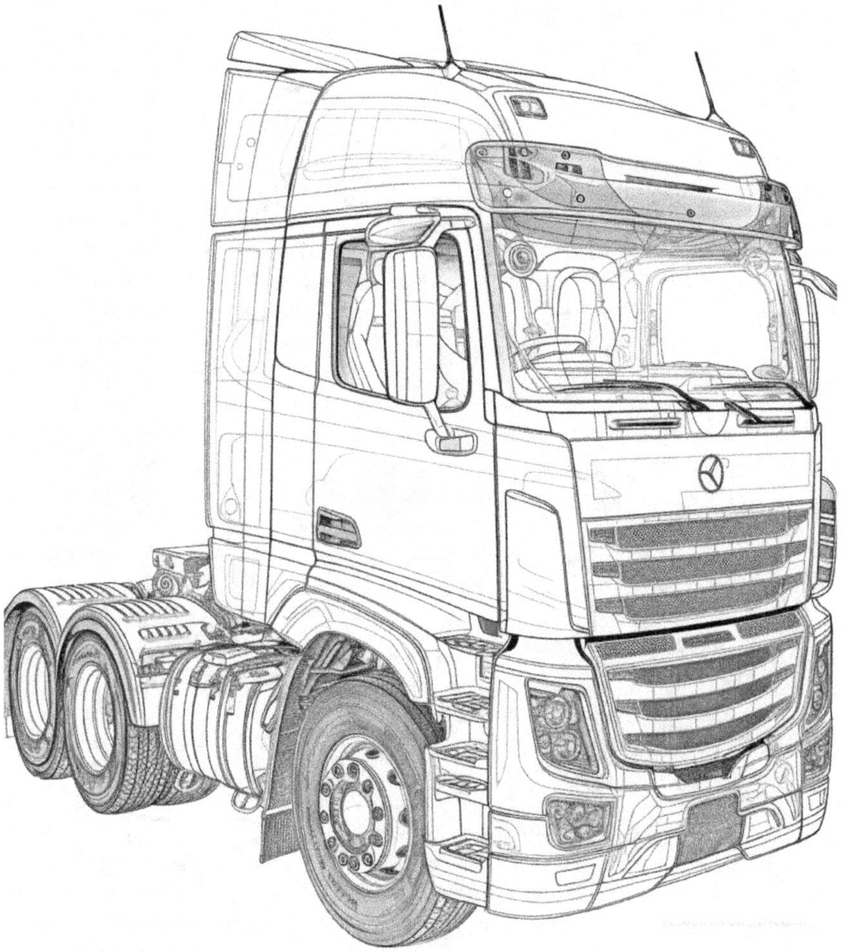

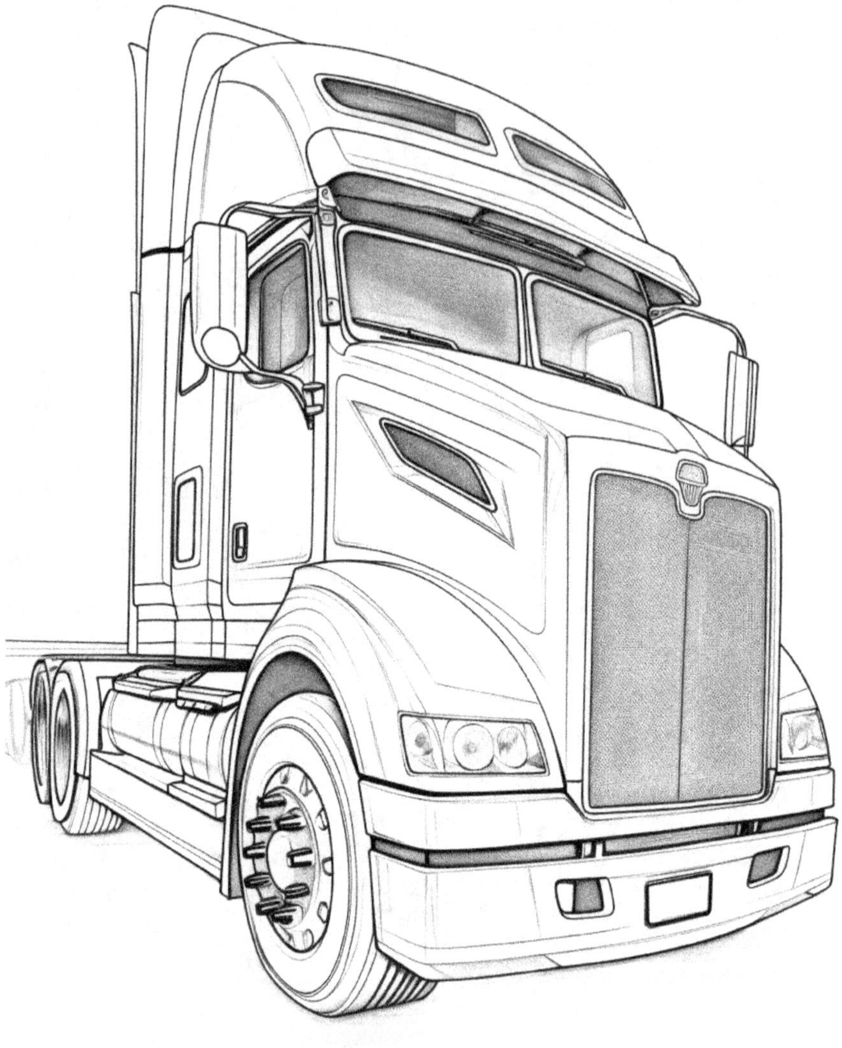

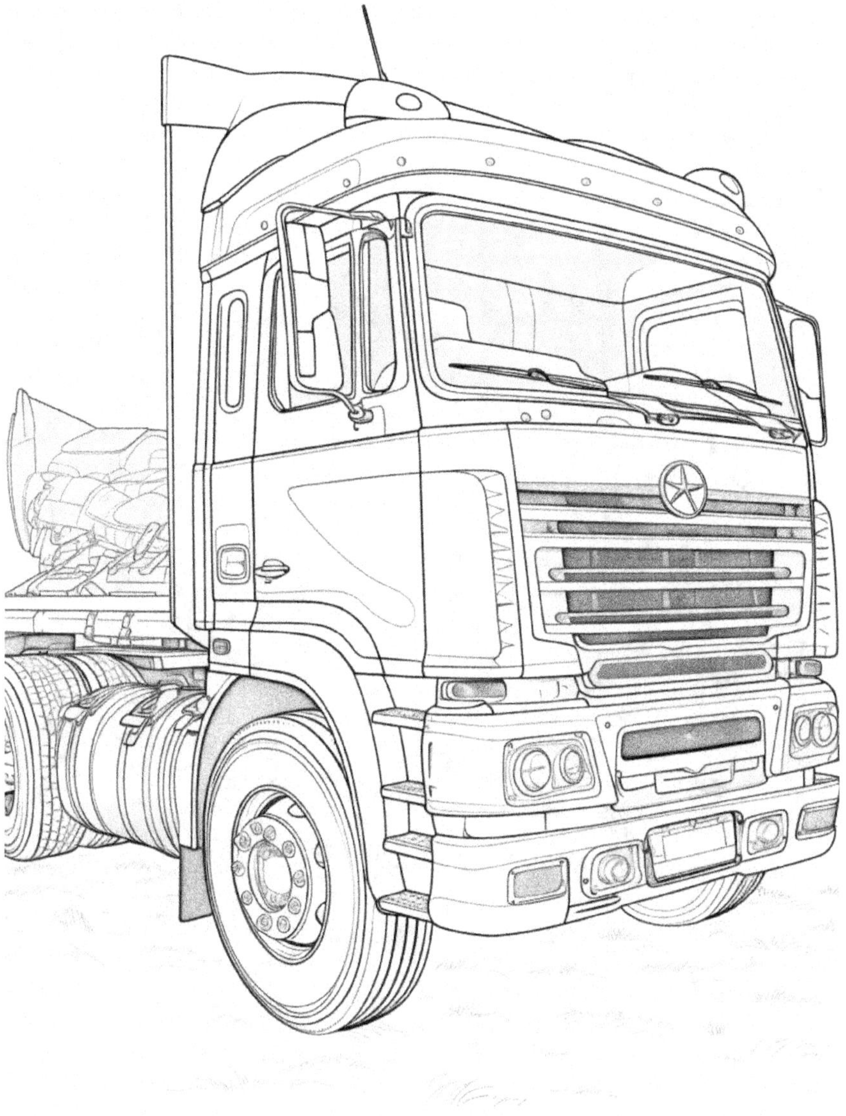

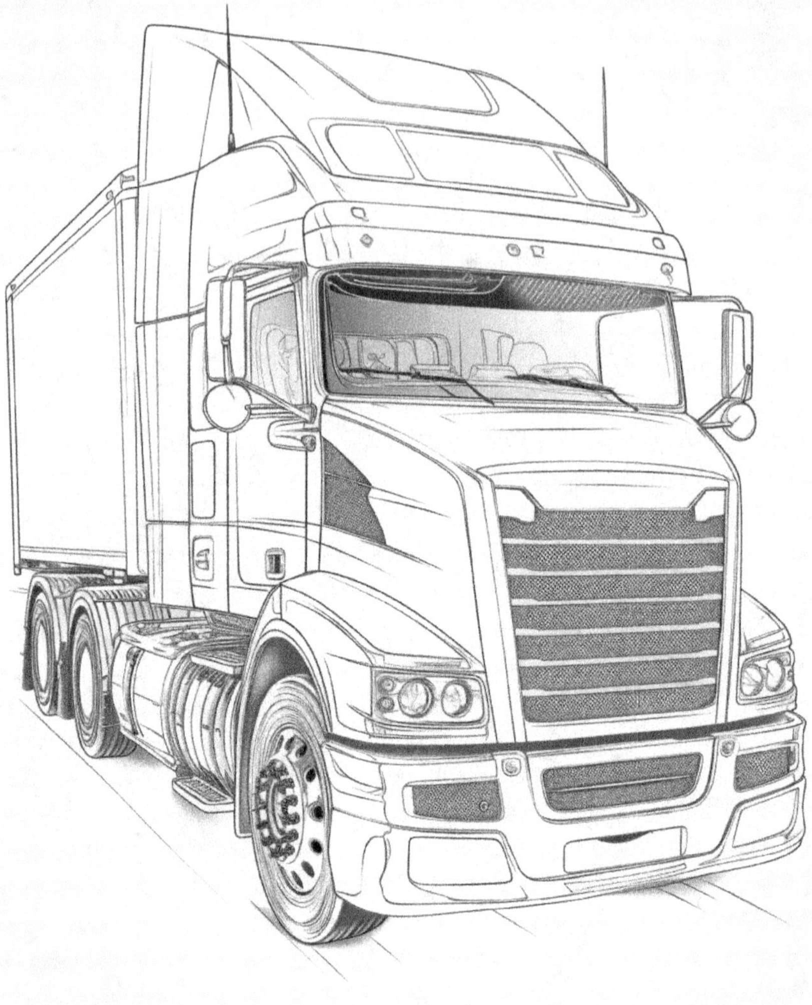

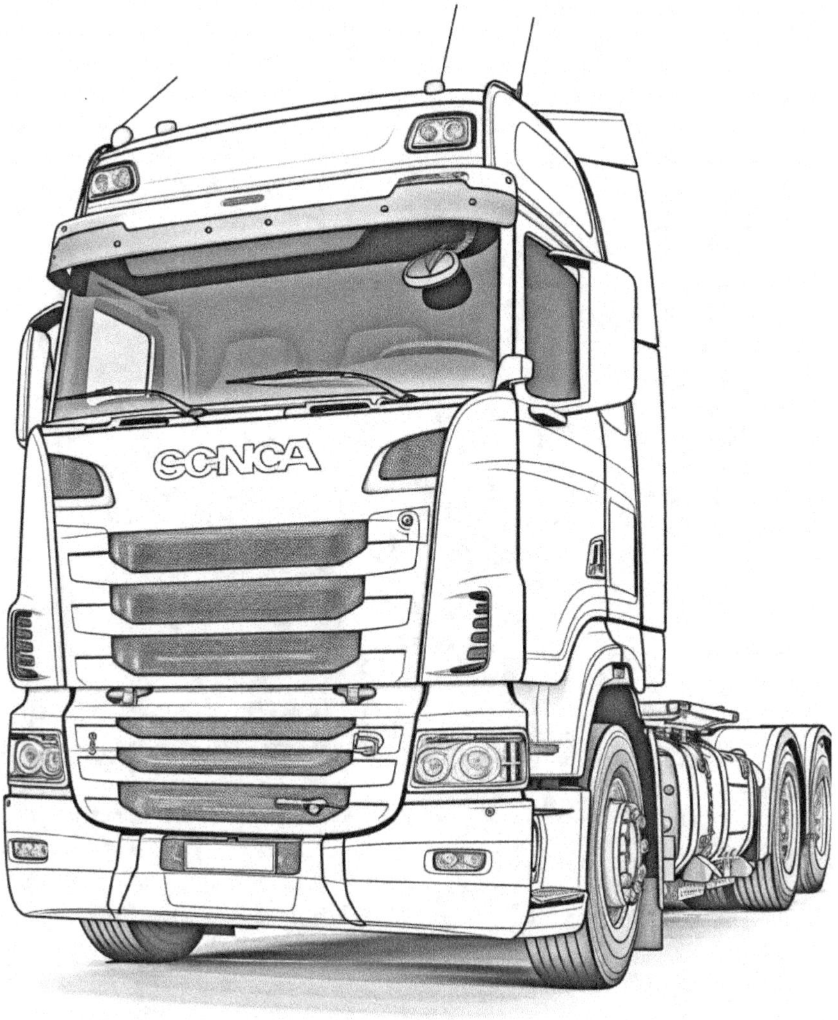

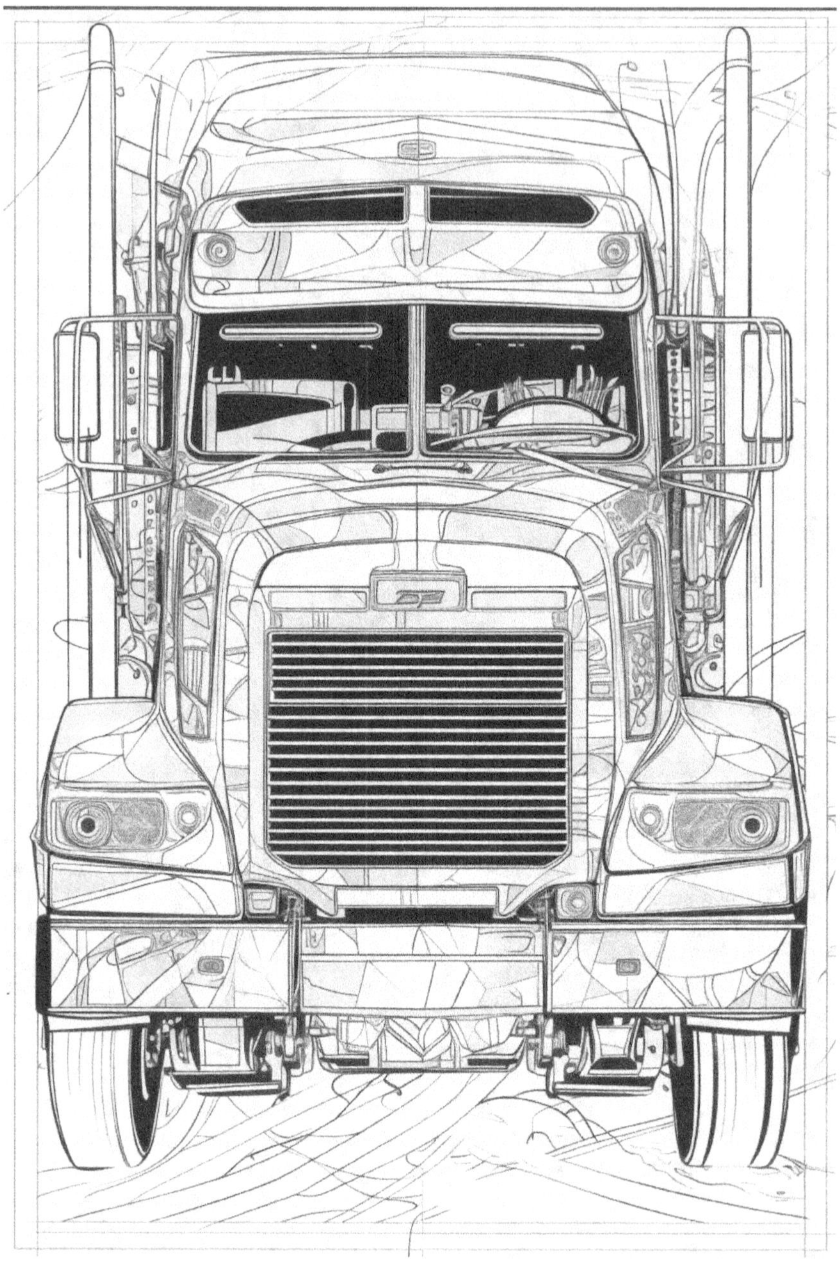

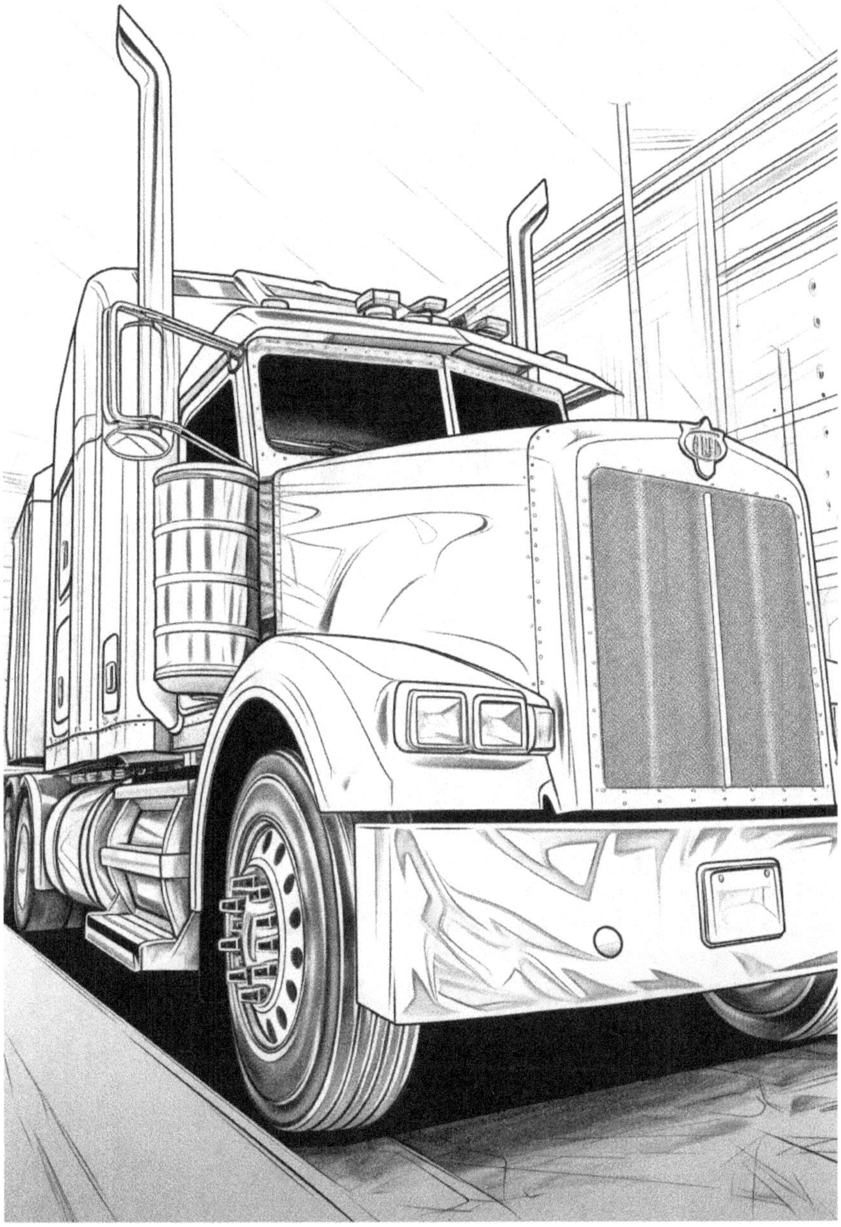

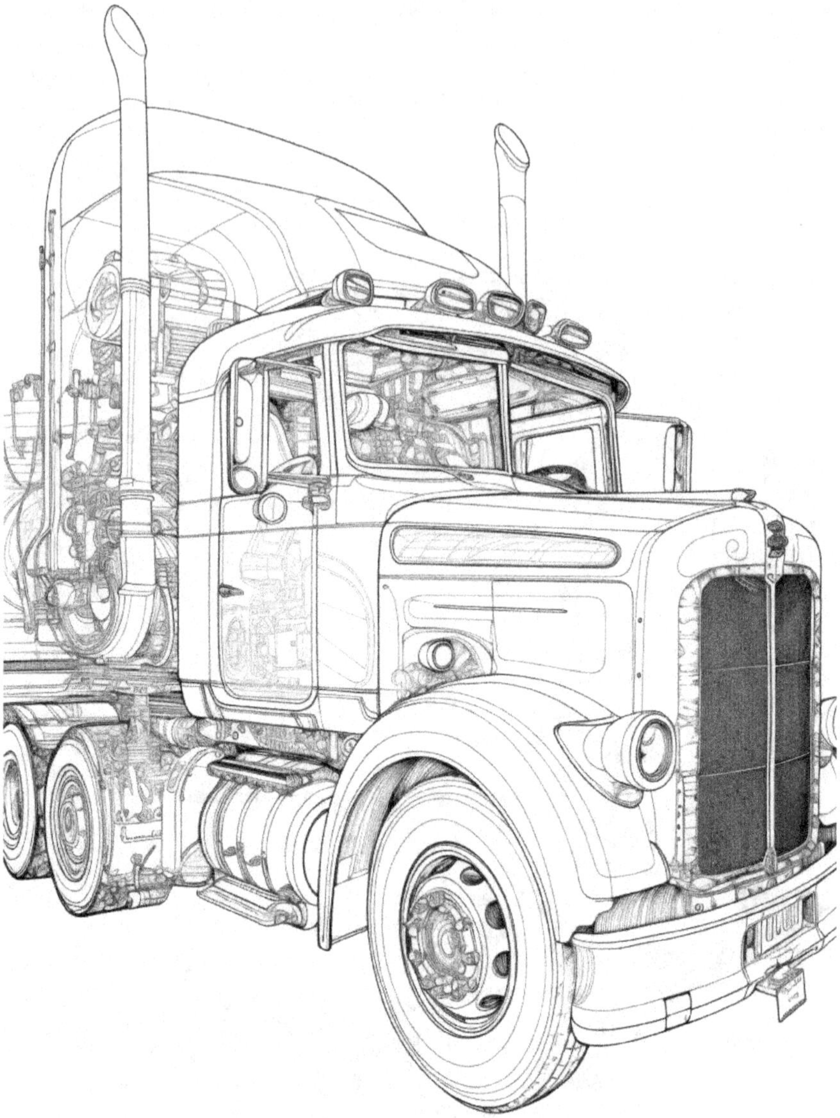

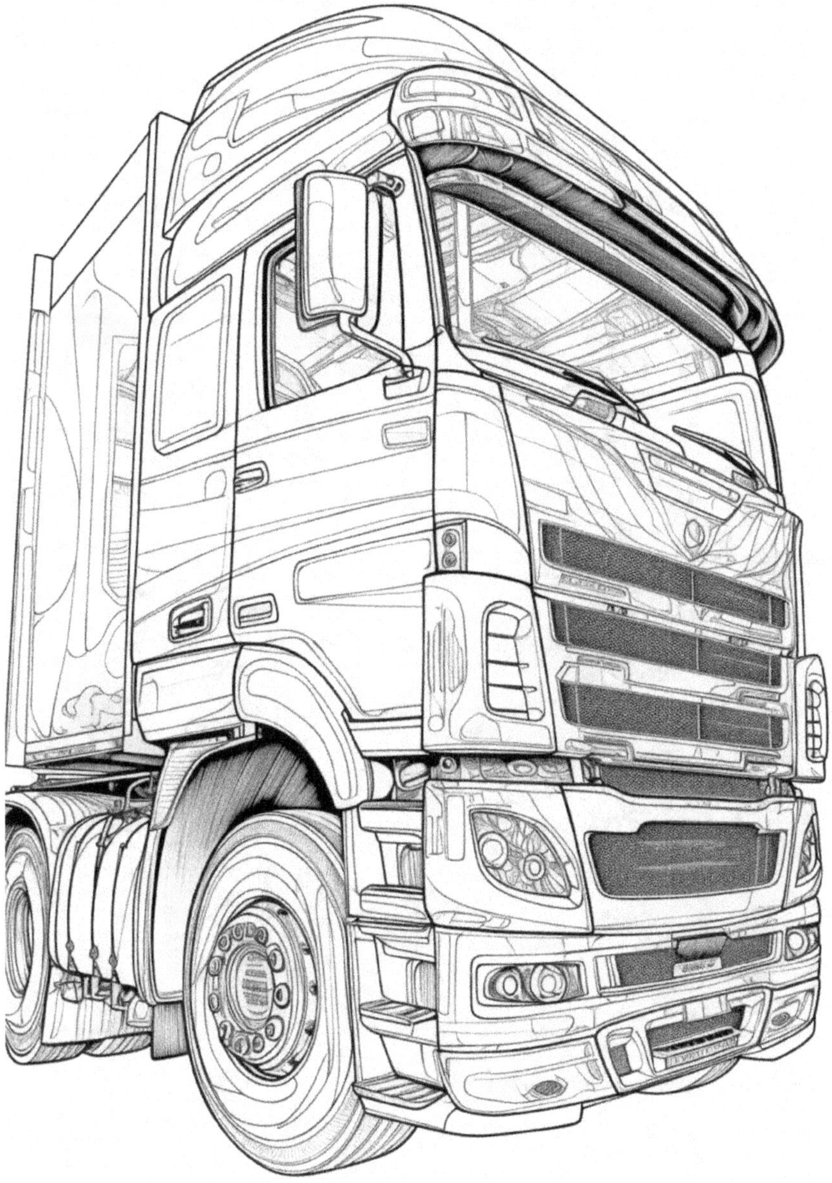

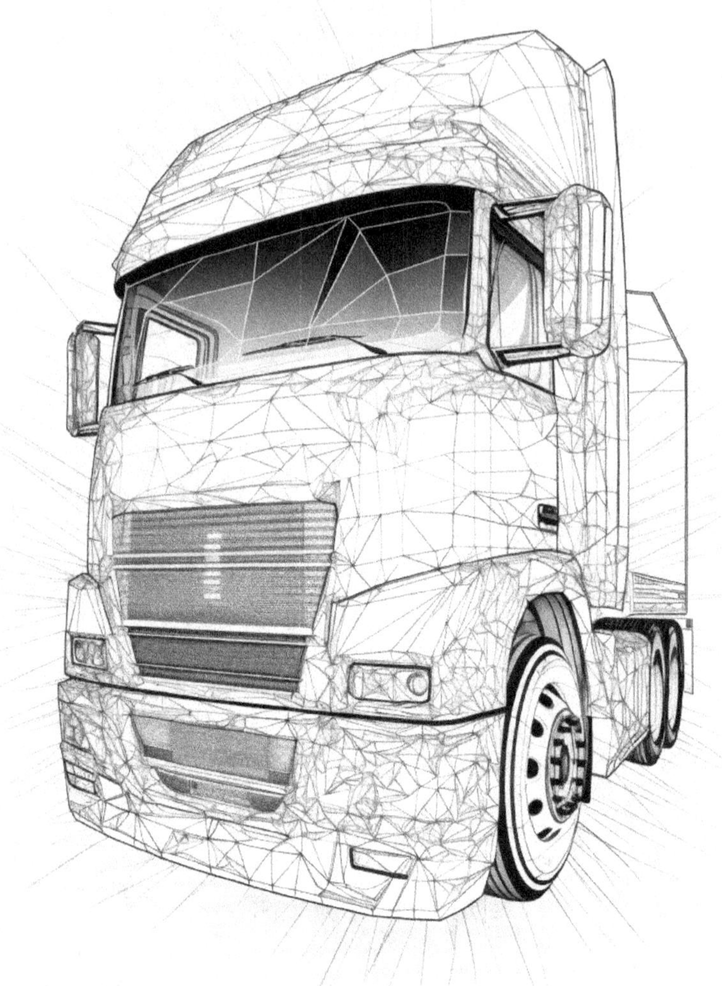

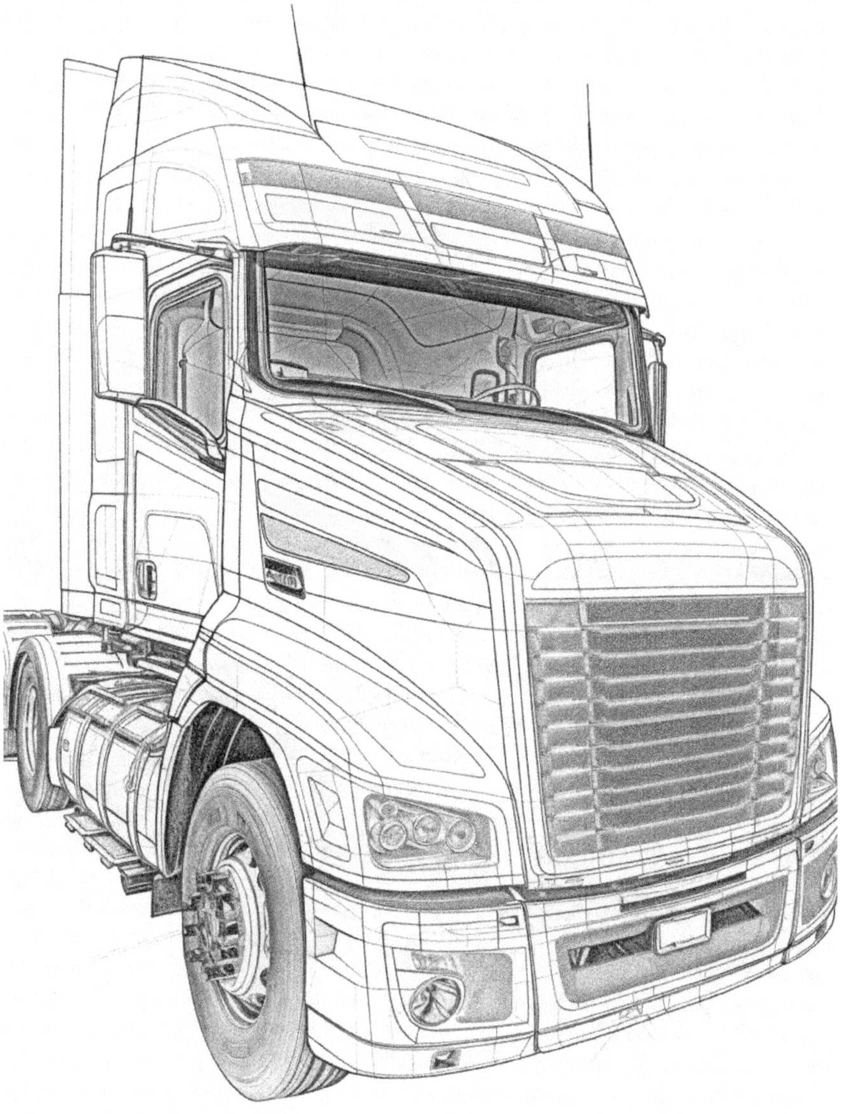

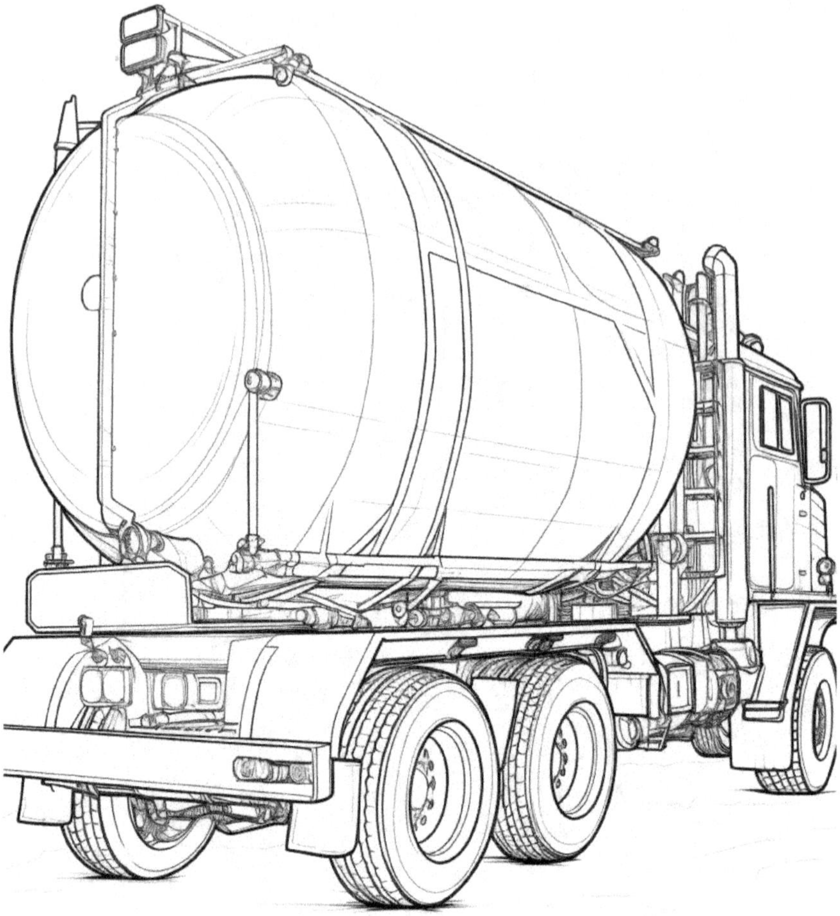

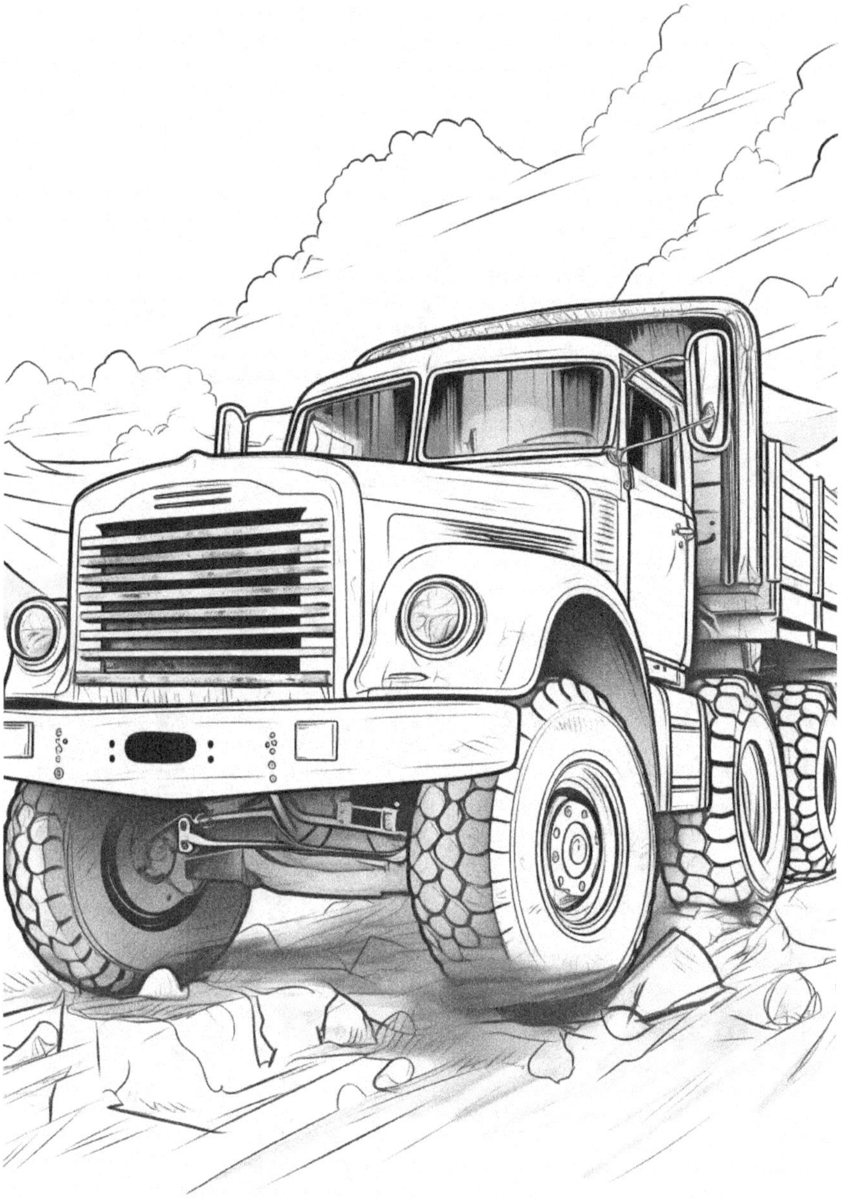

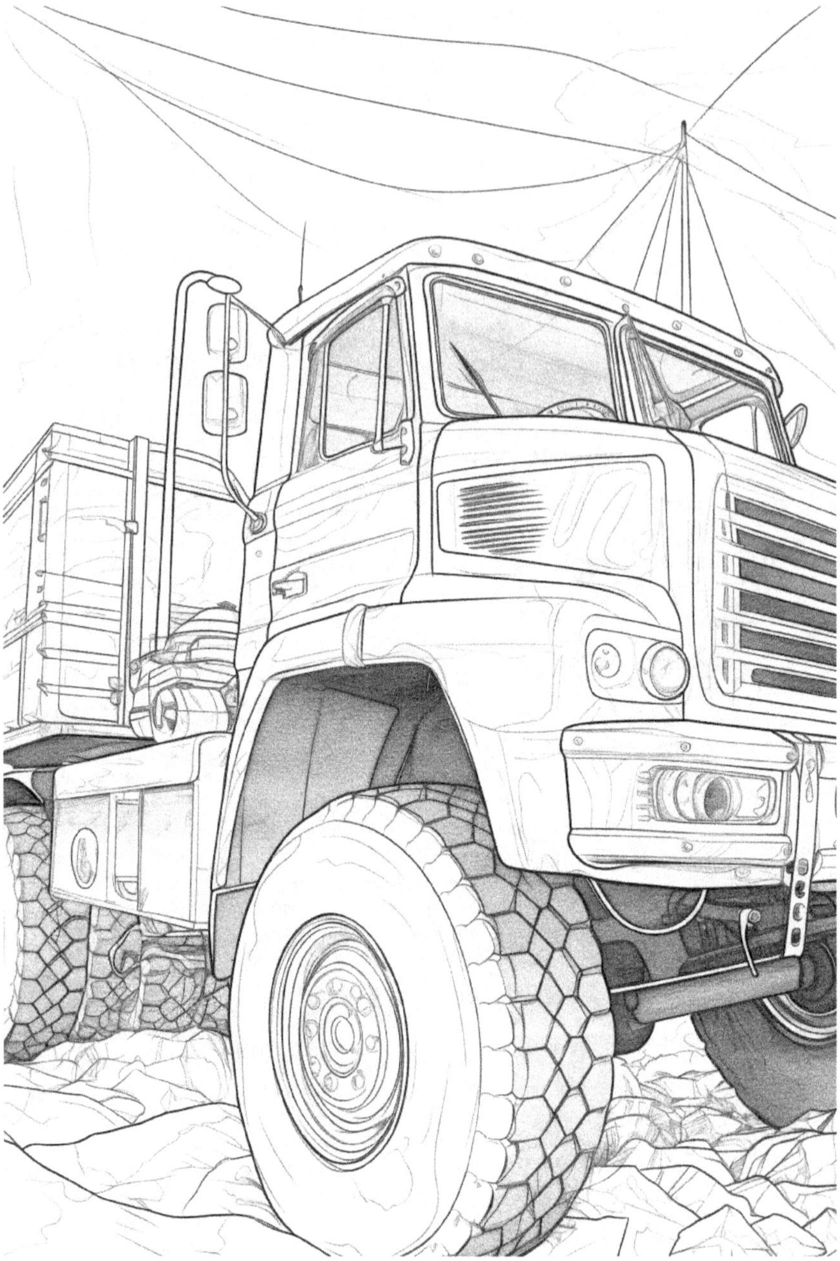

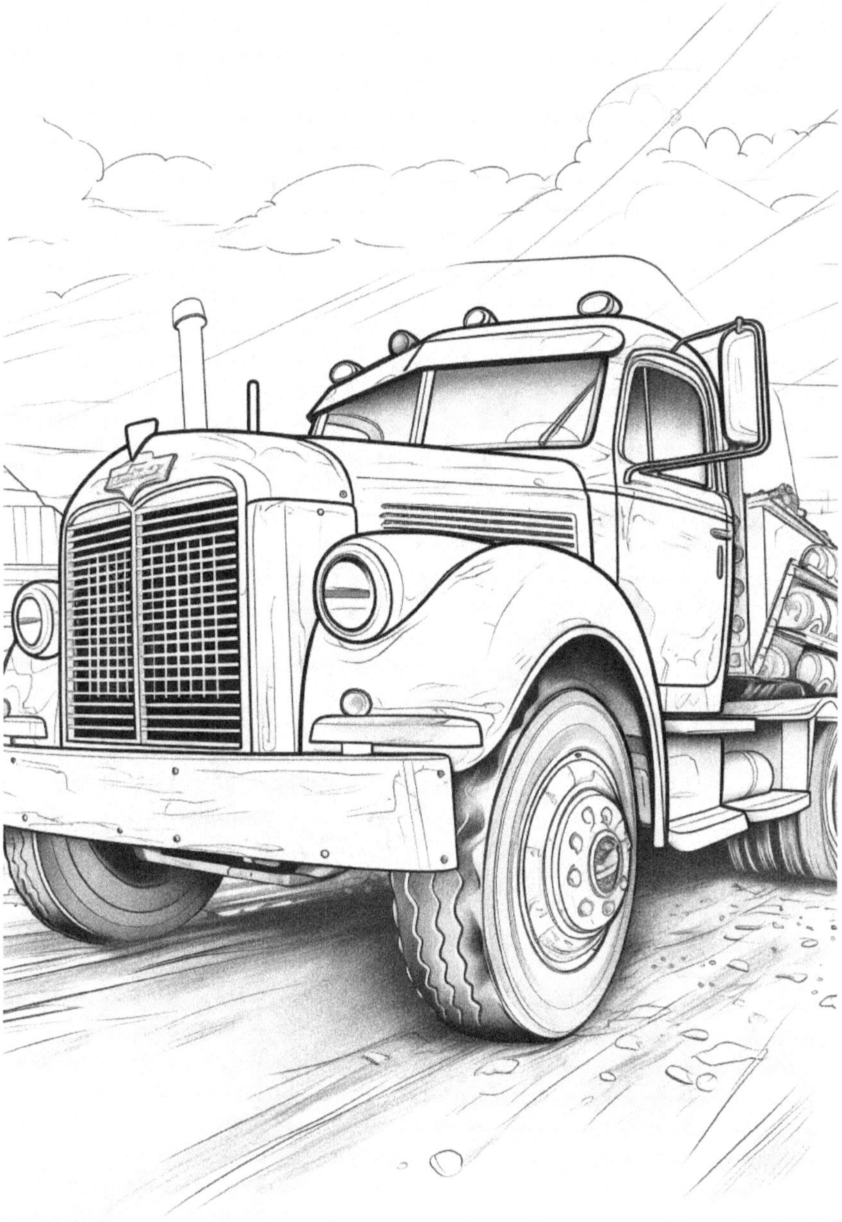

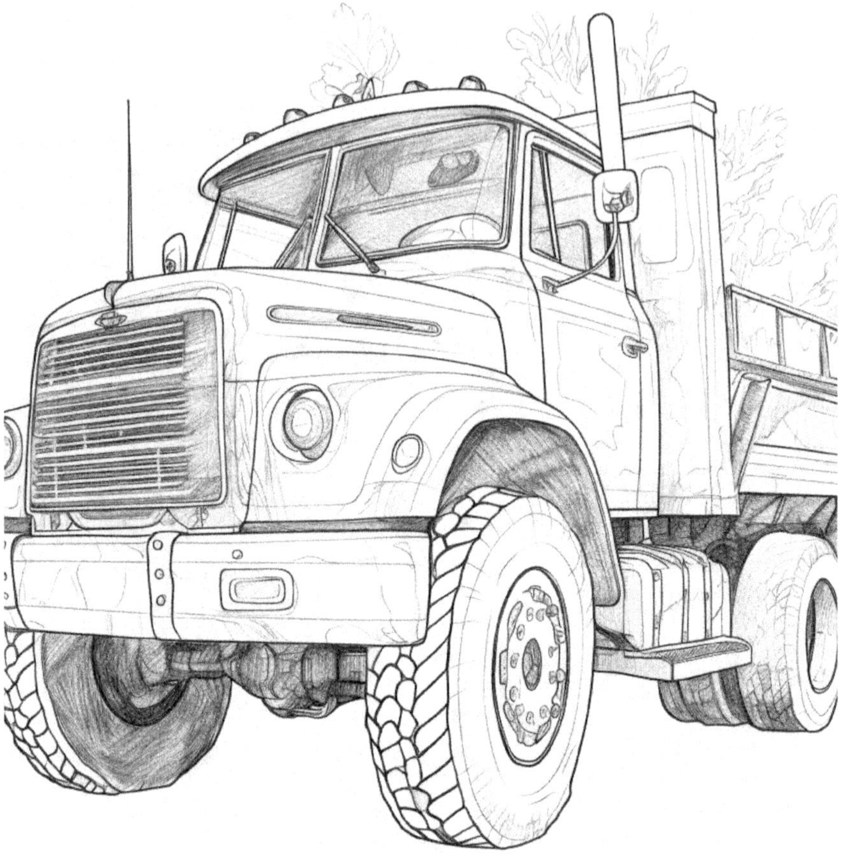

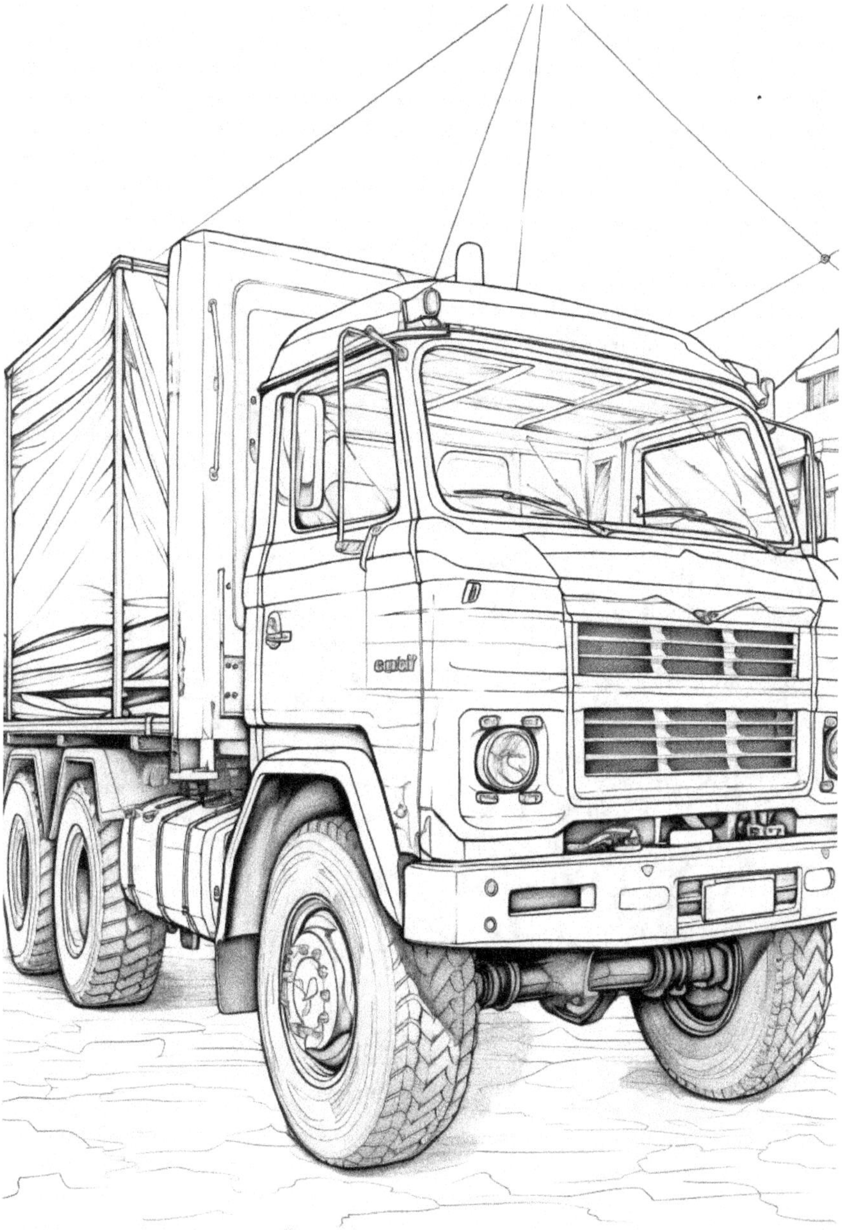

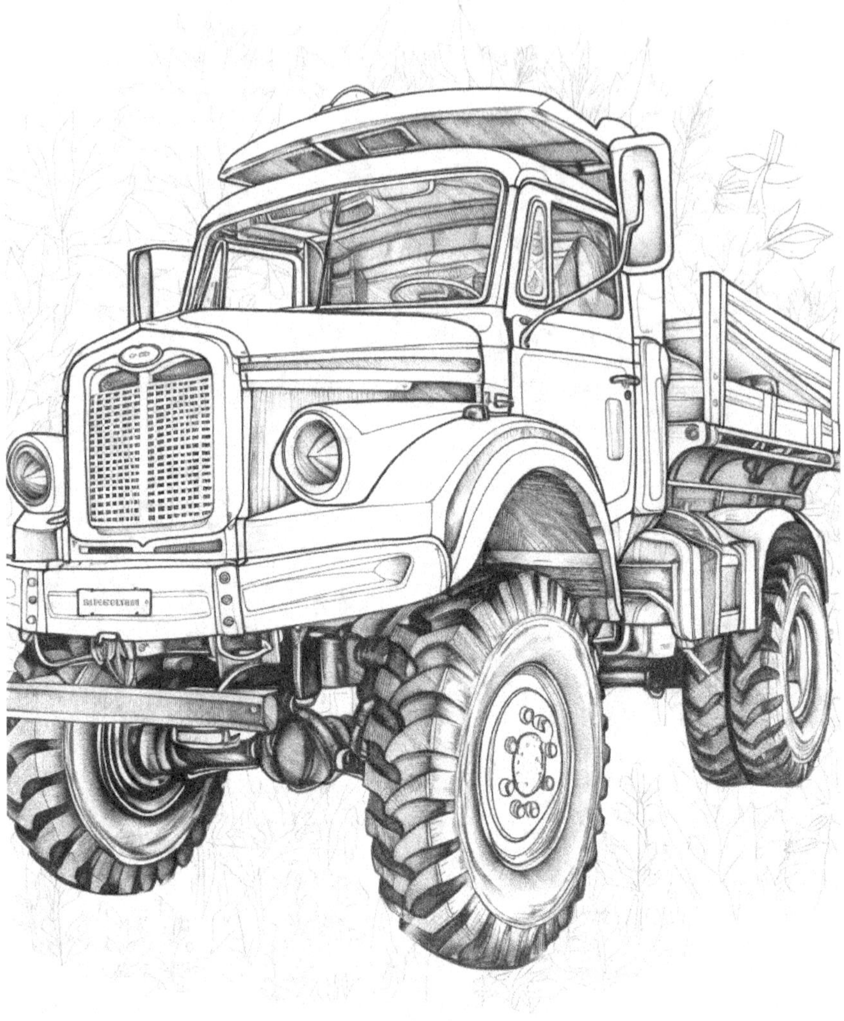

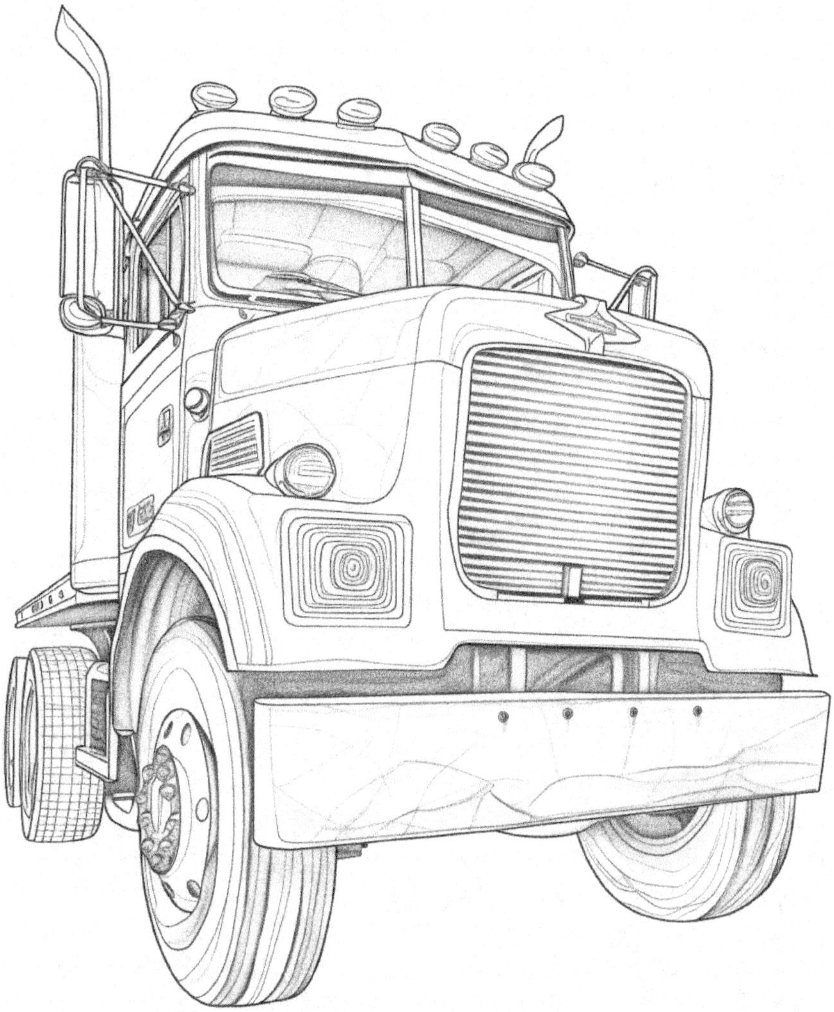

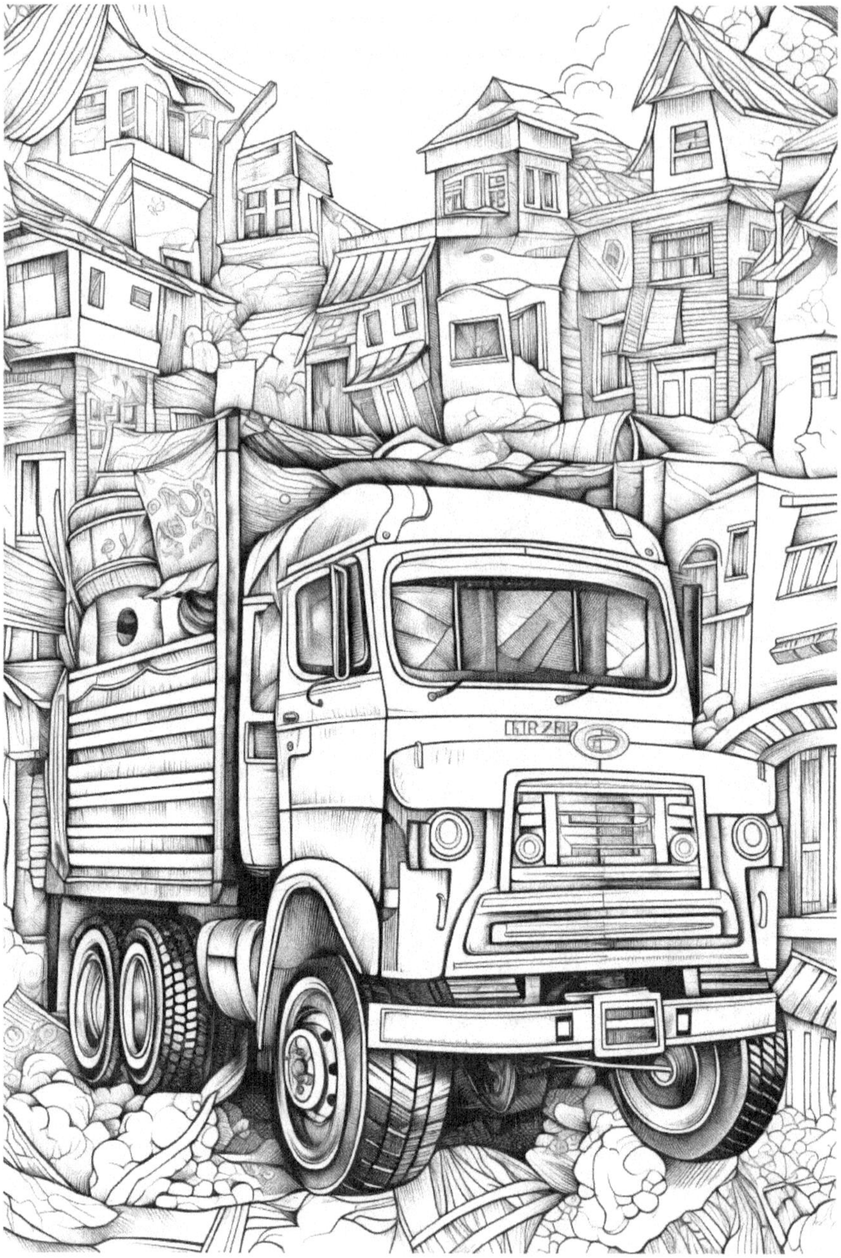

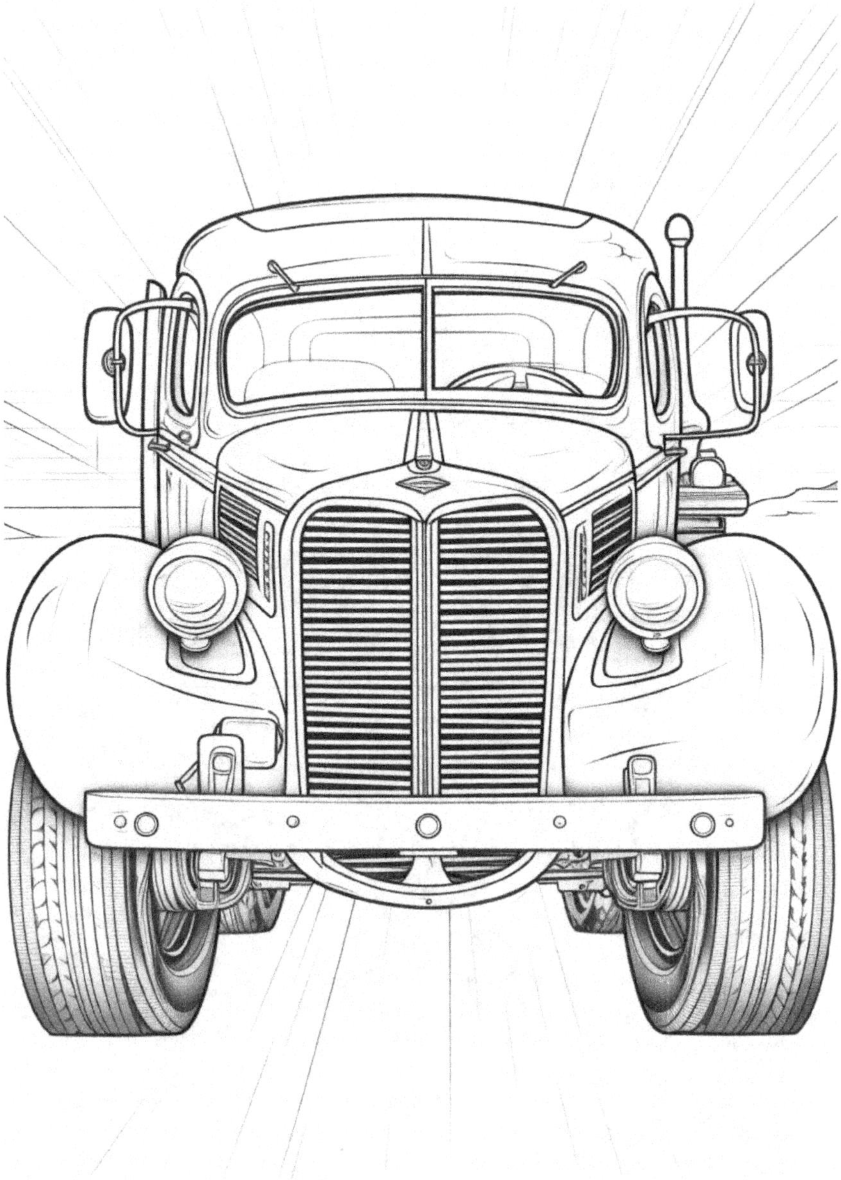

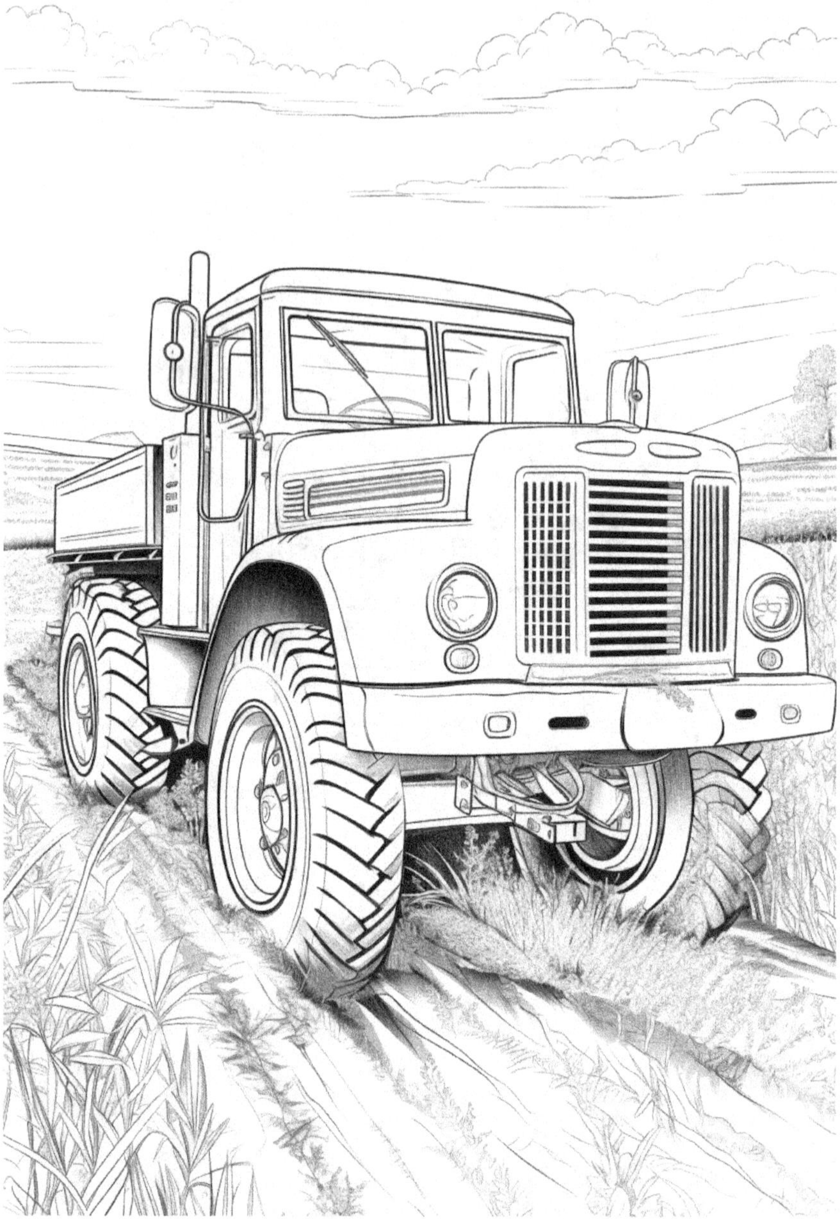

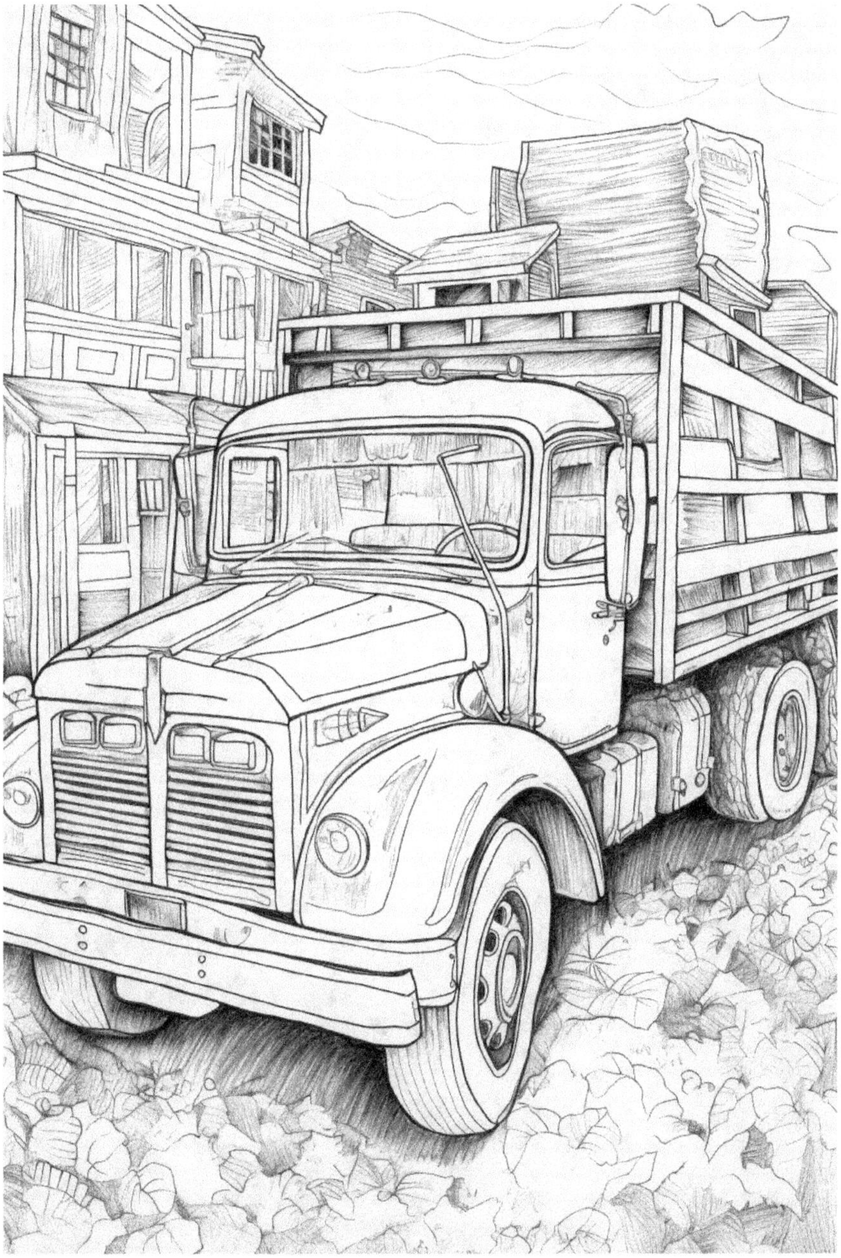

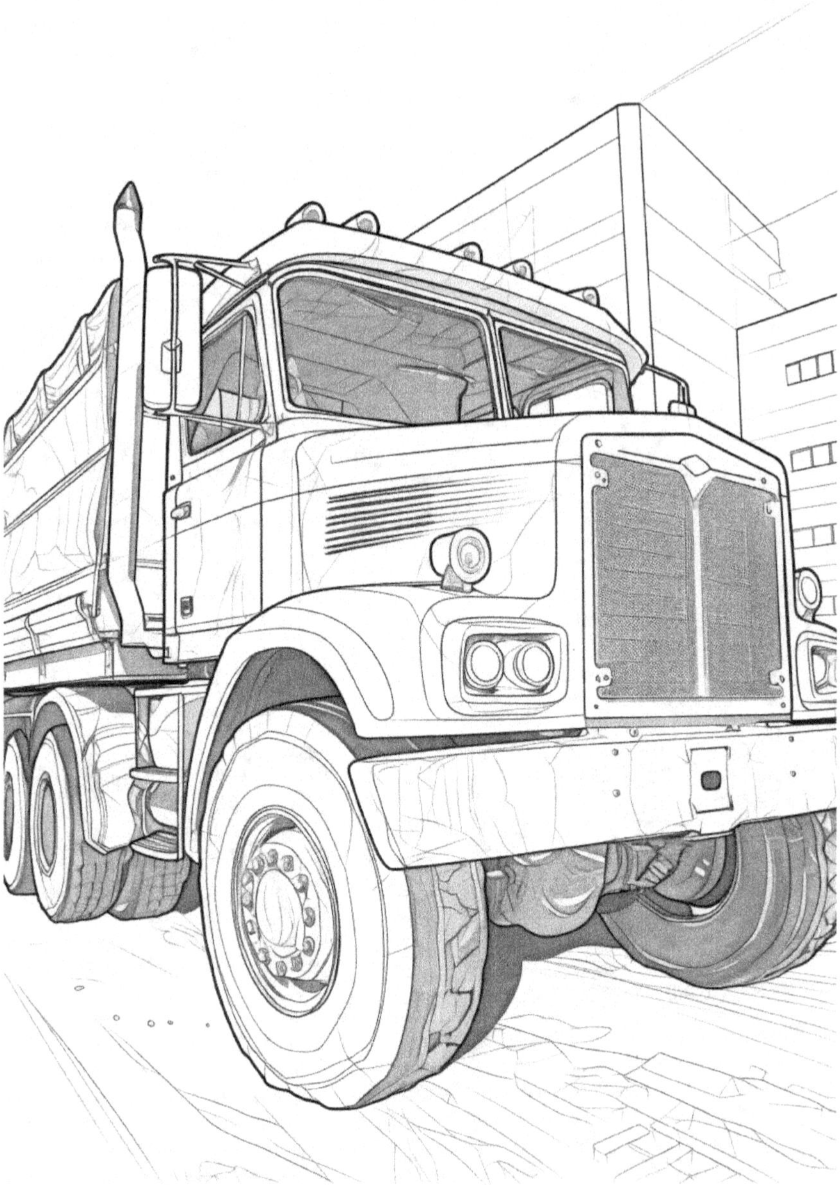

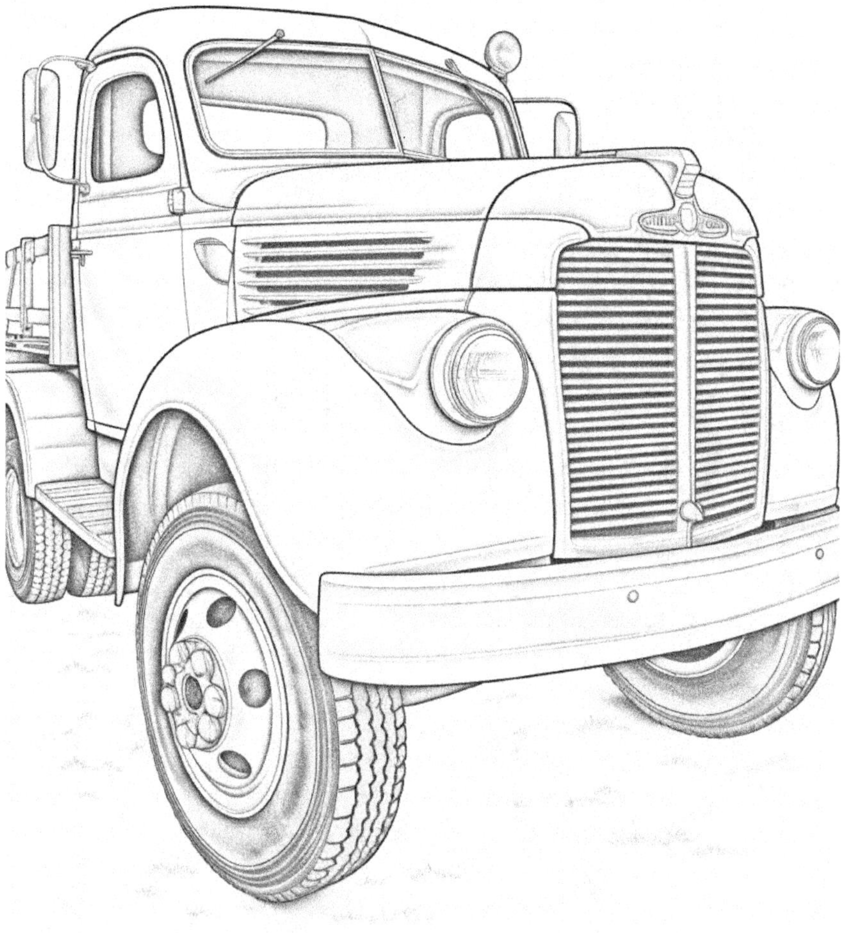

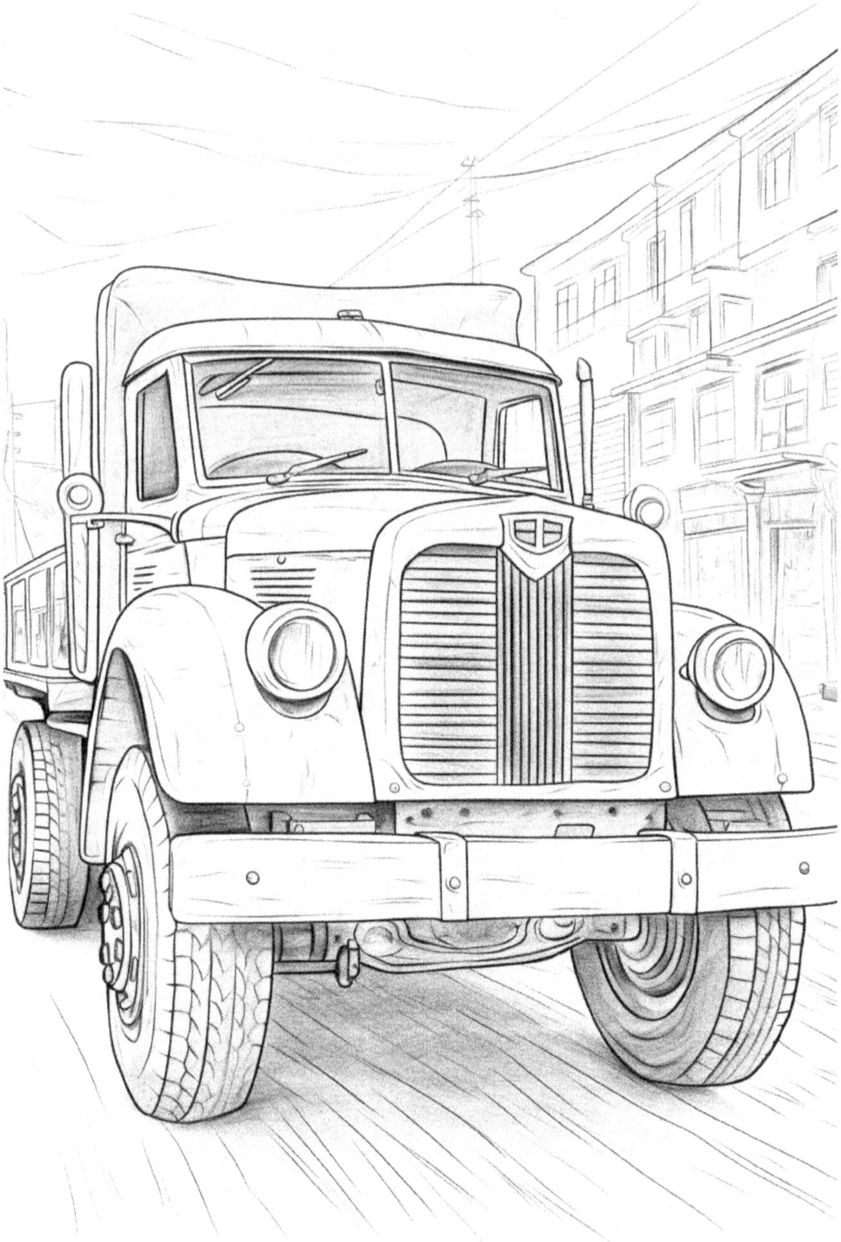

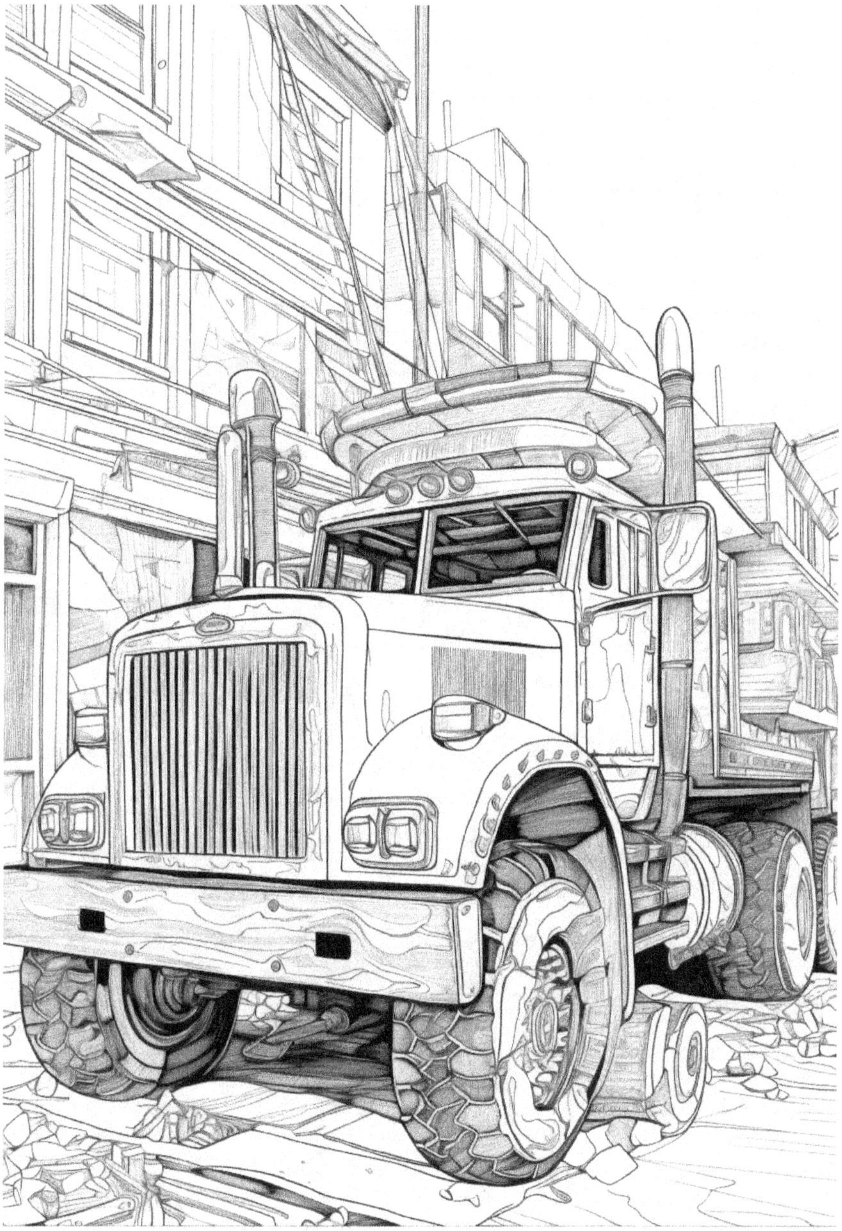

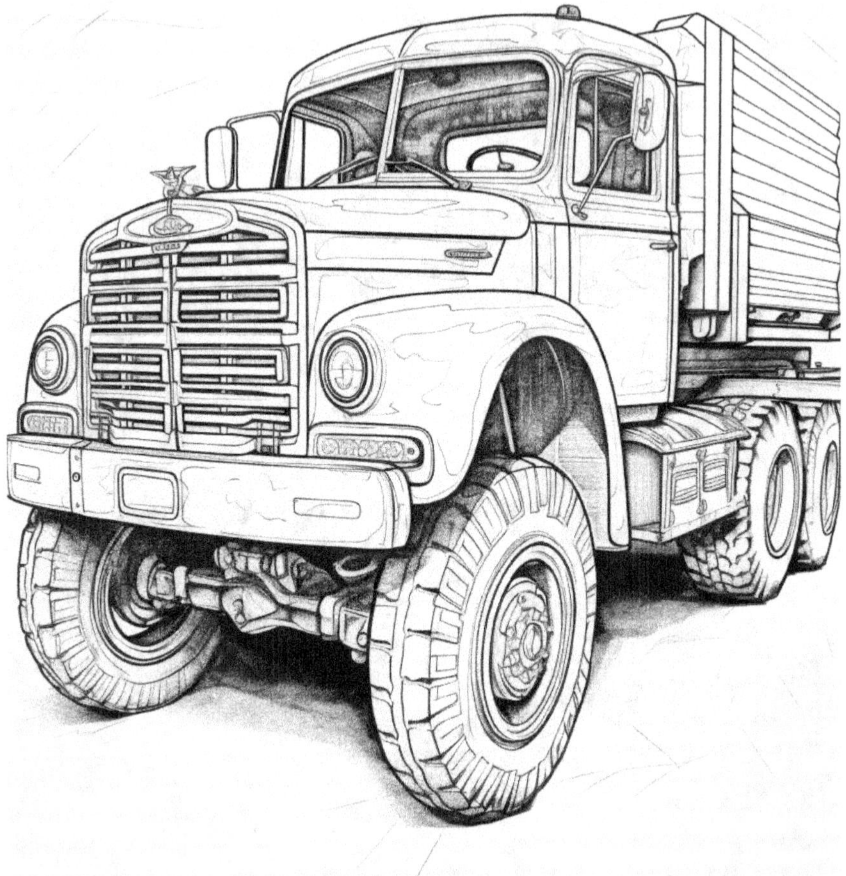

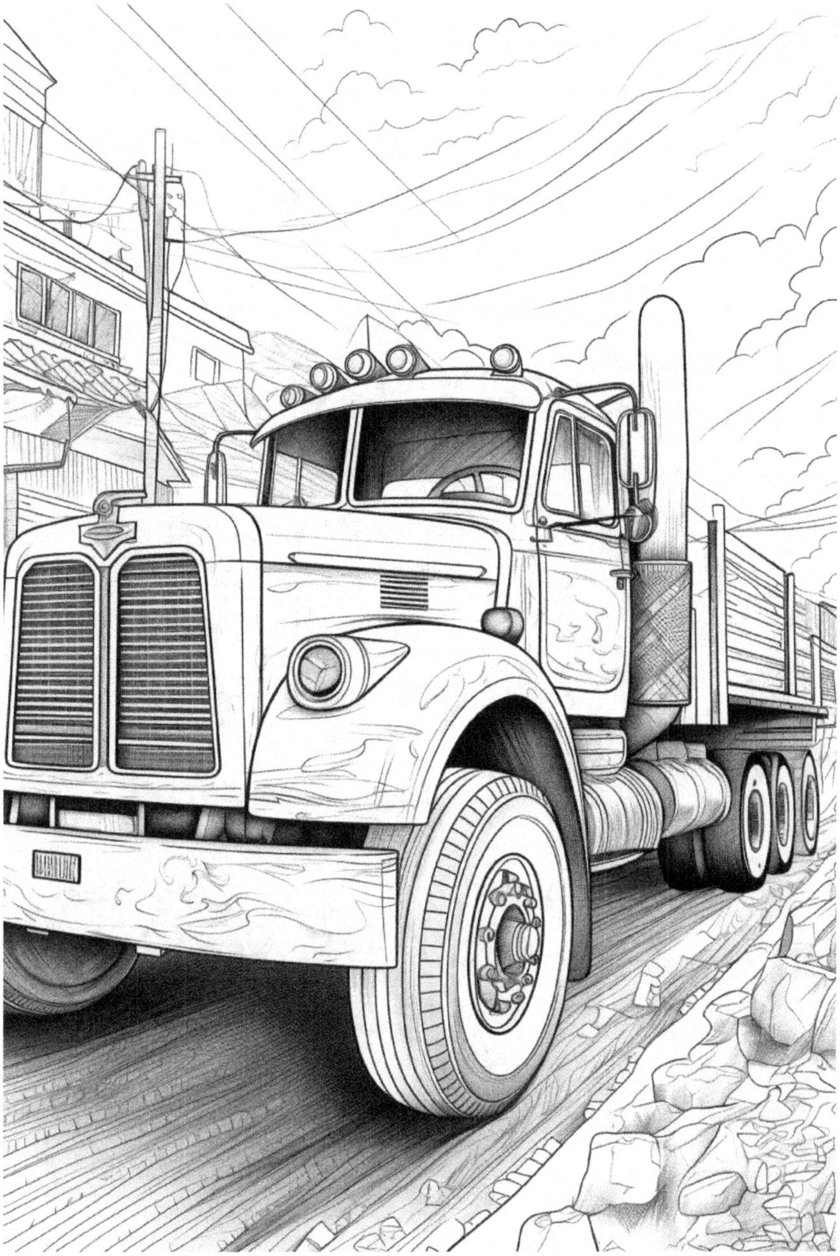

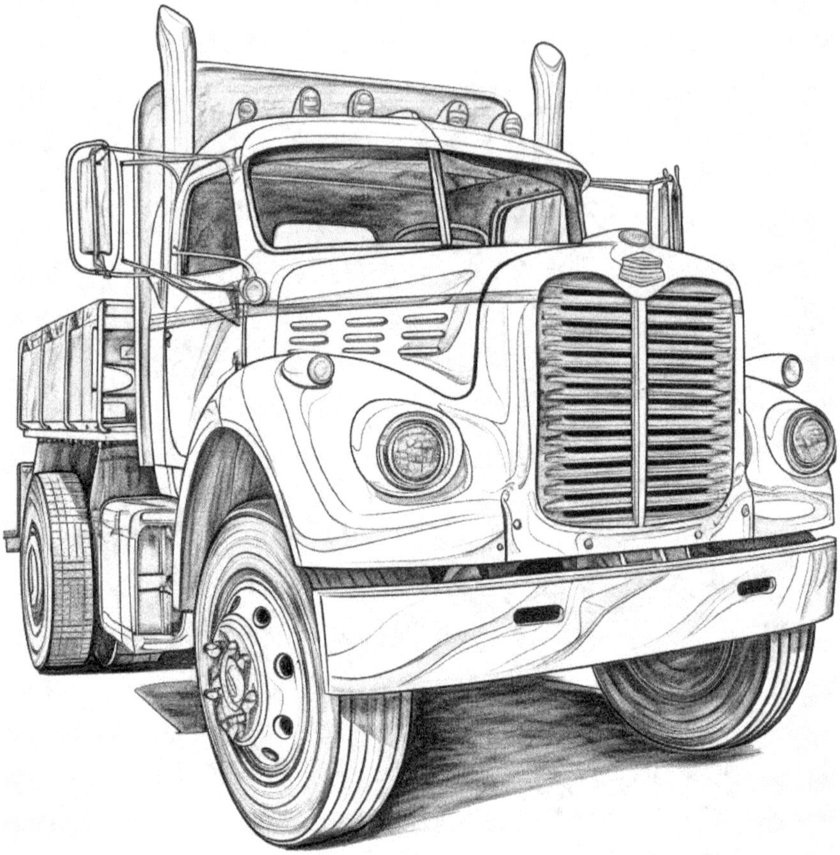

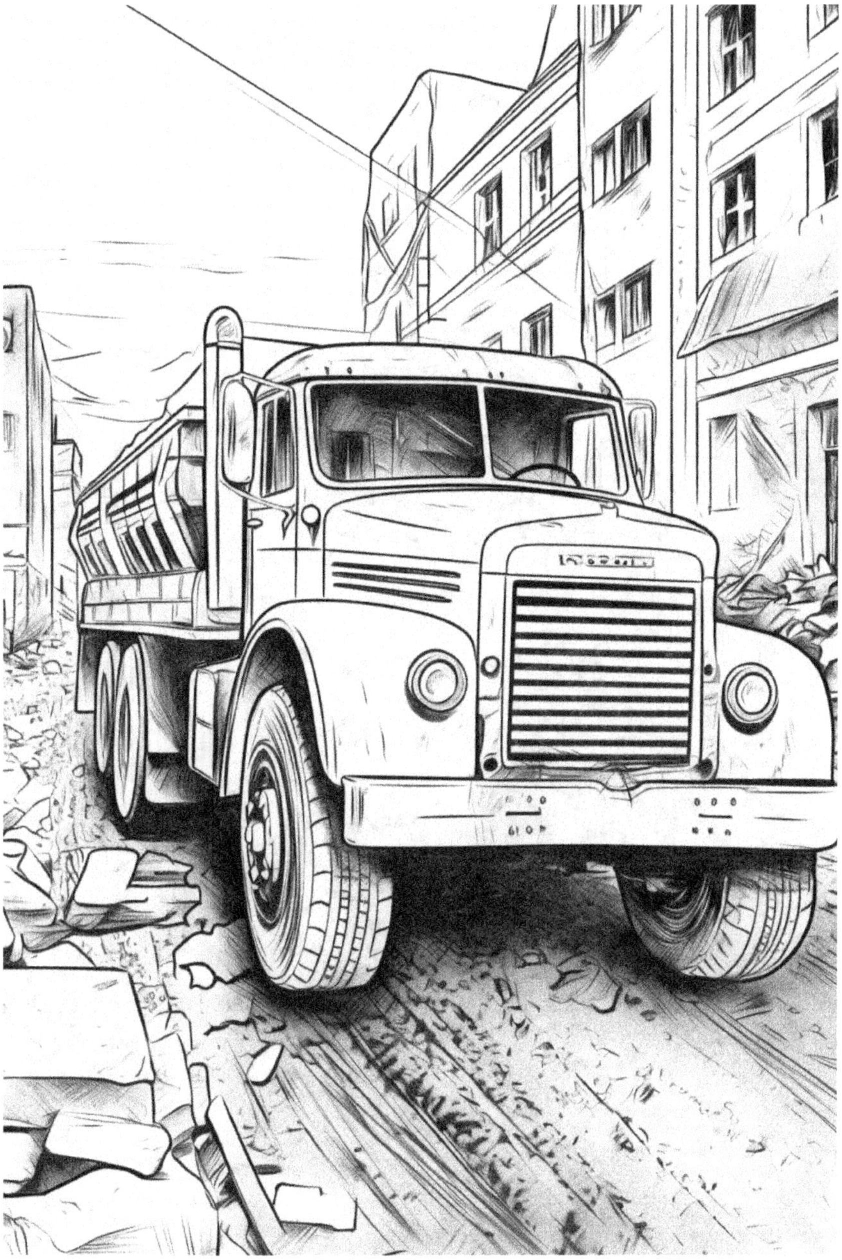

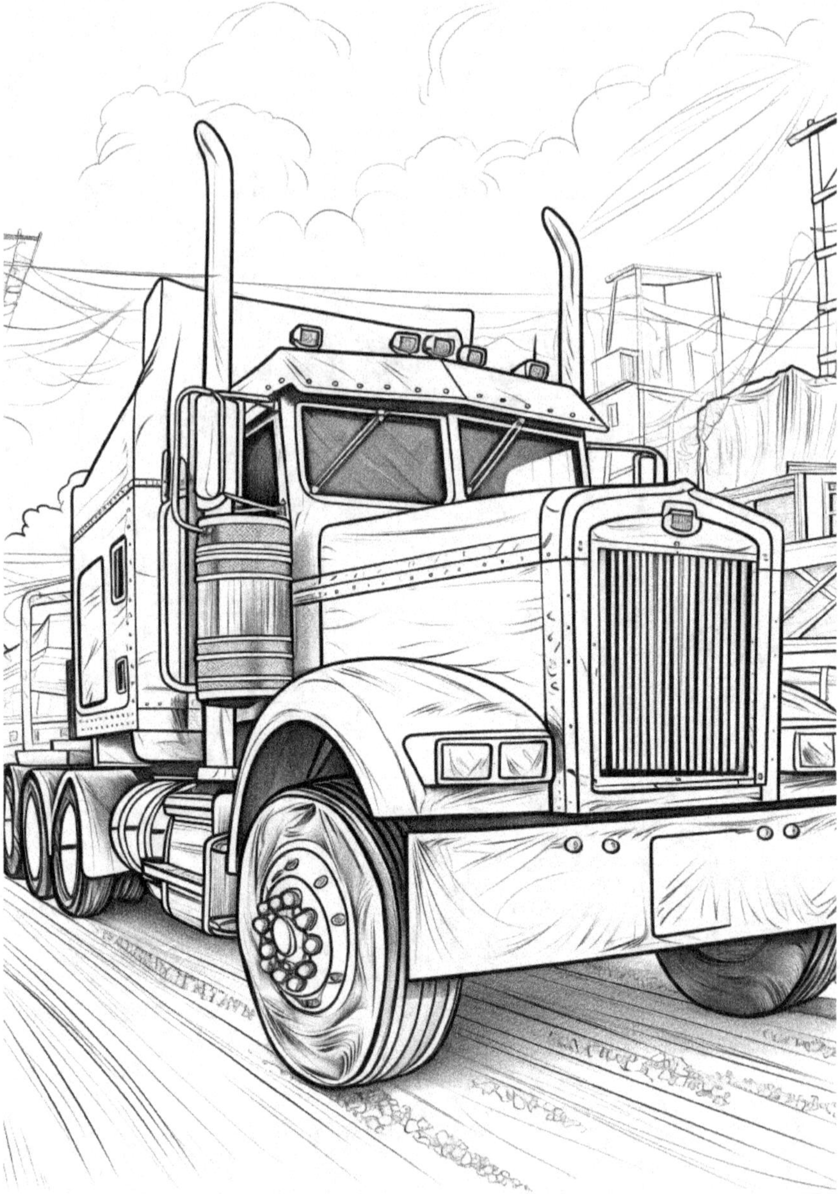

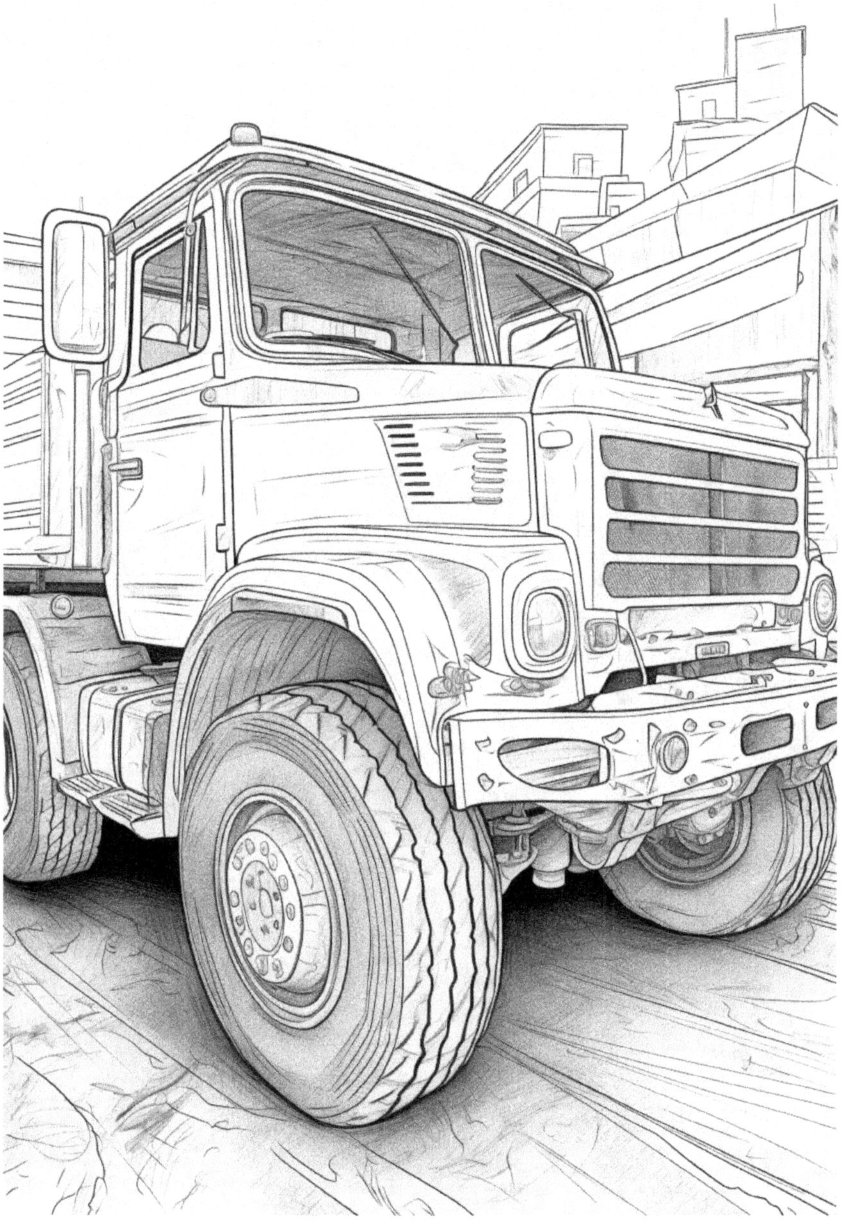

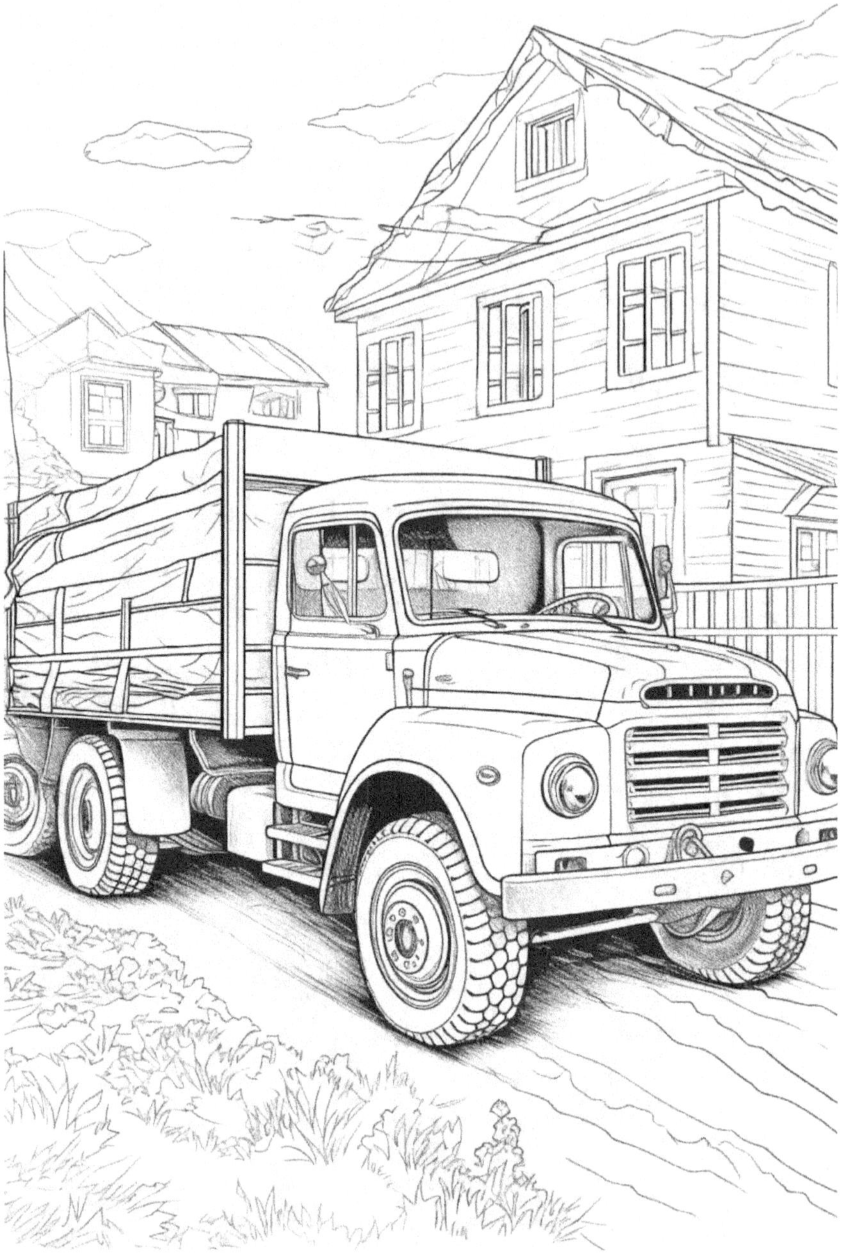

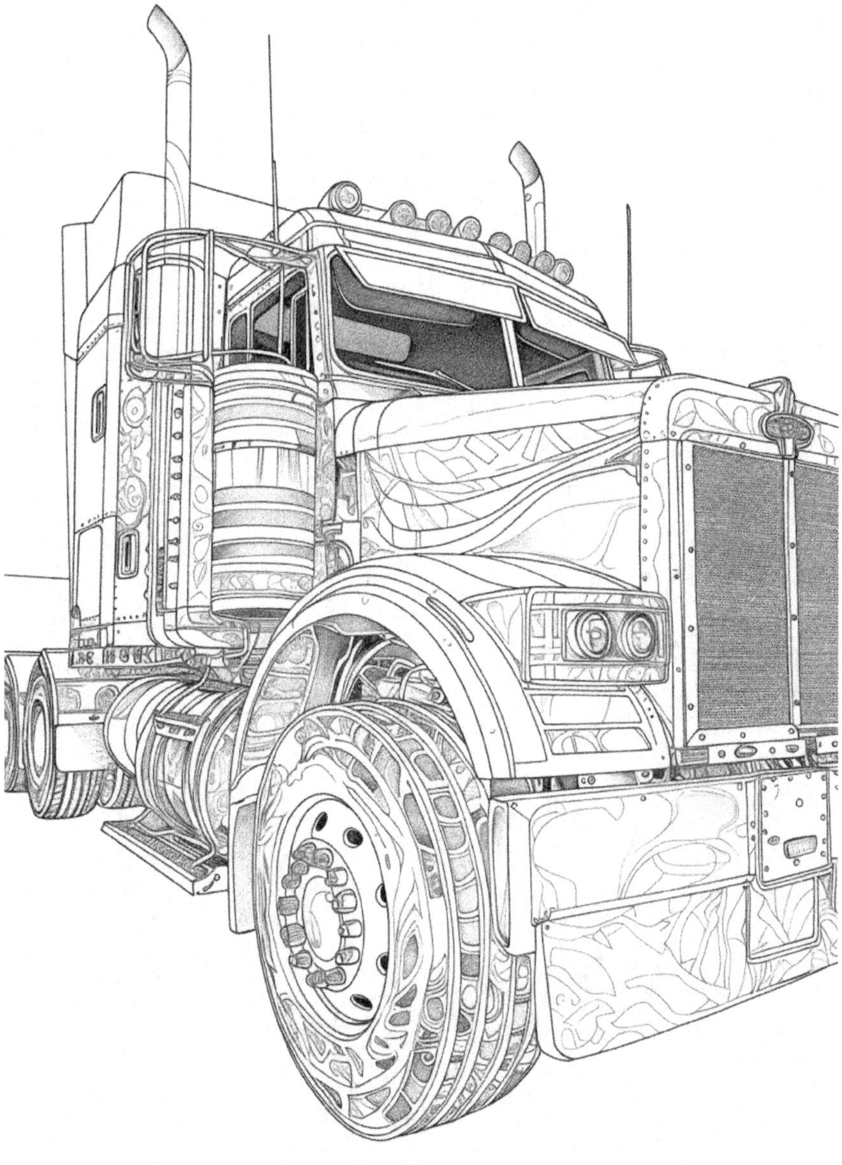

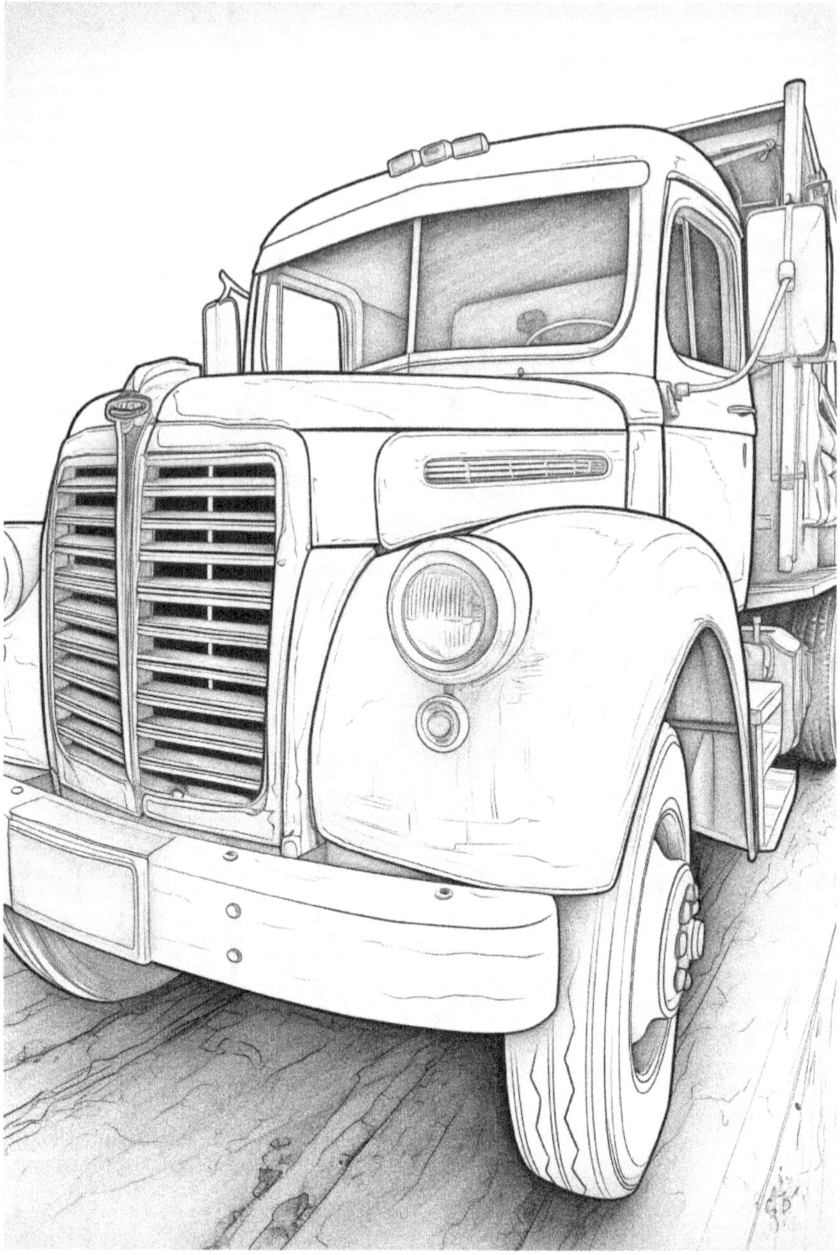

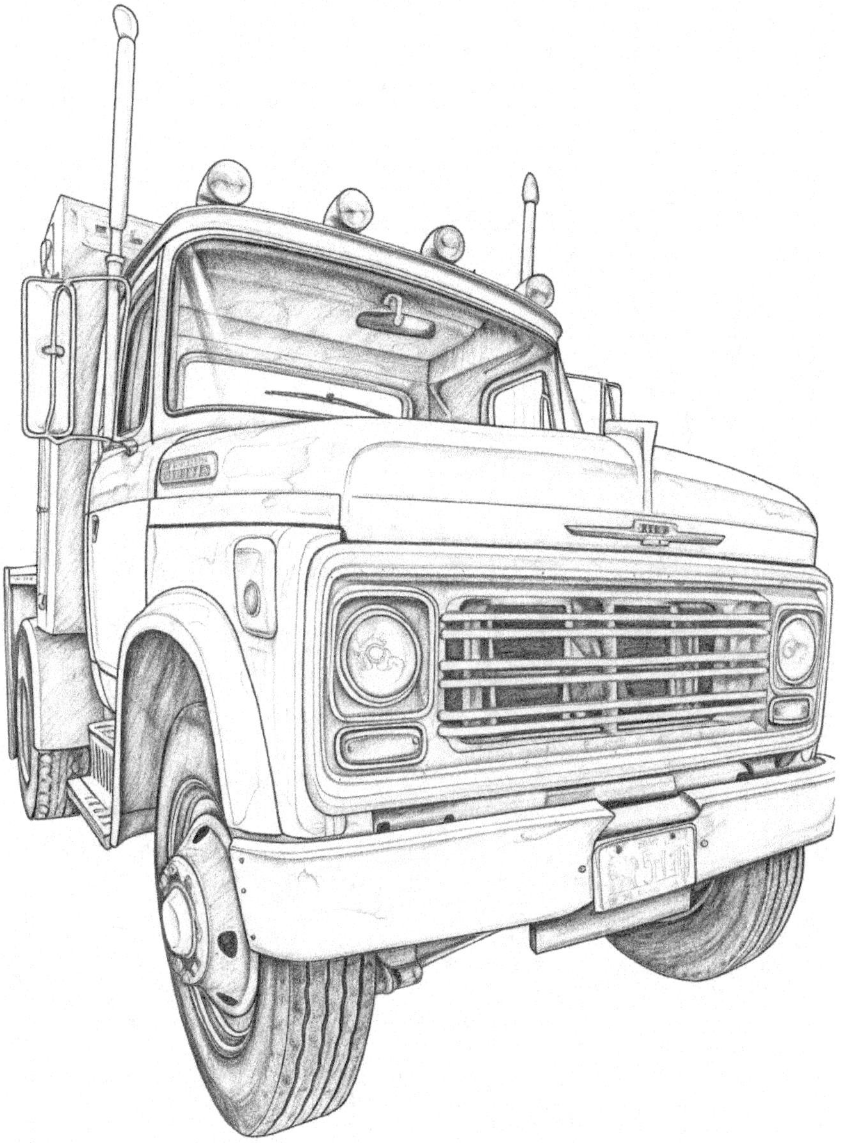

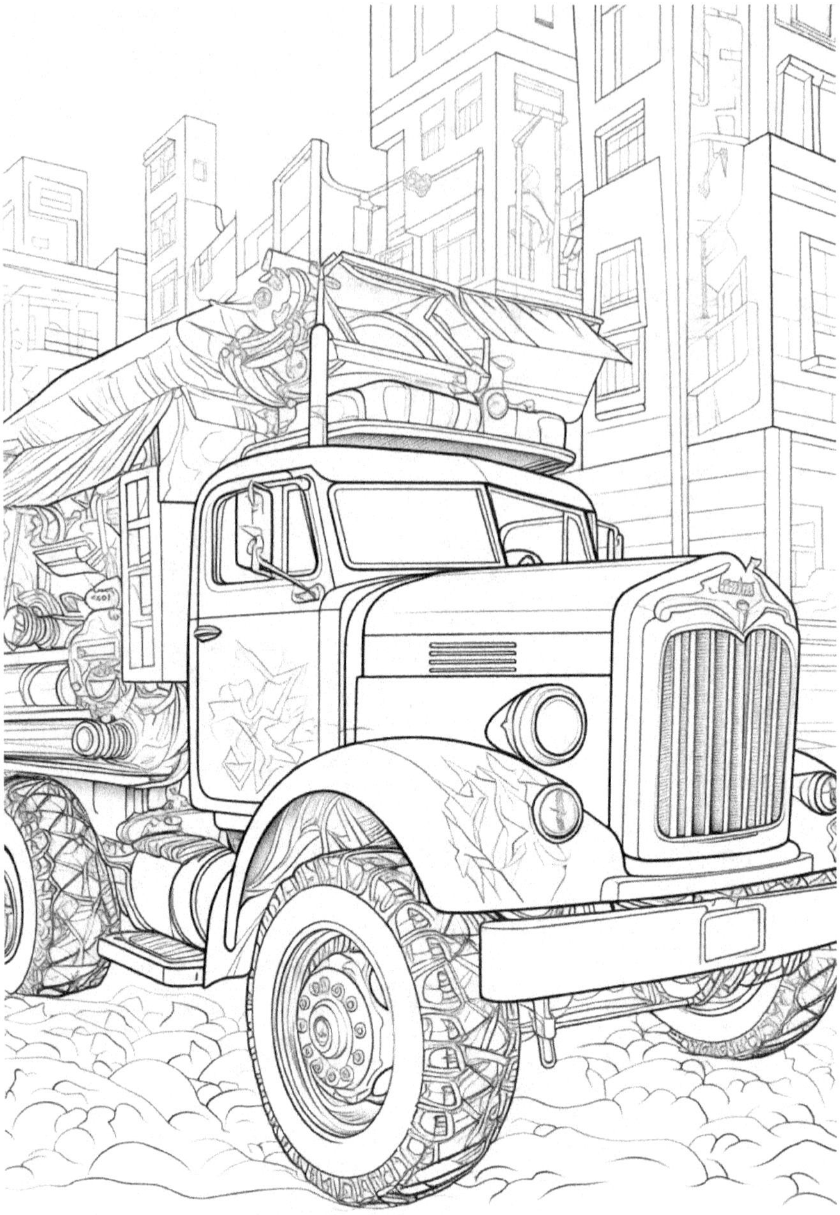

www.ingramcontent.com/pod-product-compliance
Lightning Source LLC
Chambersburg PA
CBHW082229290526
45794CB00009B/3729
* 9 7 9 8 8 5 3 8 9 0 4 0 4 *